Margit Dietz

Schulgrammatik Deutsch

W0333351

Schulgrammatik Deutsch

Schnell nachschlagen
sofort verstehen

Cornelsen
SCRIPTOR

Die Autorin:
Margit Dietz ist Gymnasiallehrerin für die Fächer Deutsch und Englisch und hat langjährige Unterrichtserfahrung in den Jahrgangsstufen 5 bis 13.

www.cornelsen.de

Bibliografische Information: Die Deutsche Bibliothek verzeichnet diese Publikation in der Deutschen Nationalbibliografie; detaillierte bibliografische Daten sind im Internet über http://dnb.ddb.de abrufbar.

1. Auflage 2011
© 2011 Cornelsen Verlag Scriptor GmbH & Co. KG, Berlin
Das Werk und seine Teile sind urheberrechtlich geschützt. Jede Verwertung in anderen als den gesetzlich zugelassenen Fällen bedarf deshalb der vorherigen schriftlichen Einwilligung des Verlags.
Hinweis zu §§ 46, 52a UrhG: Weder das Werk noch seine Teile dürfen ohne eine solche Einwilligung eingescannt und in ein Netzwerk eingestellt werden. Dies gilt auch für Intranets von Schulen und sonstigen Bildungseinrichtungen.
Projektleitung: Marion Clausen, Berlin
Redaktion: Marion Clausen, Berlin
Herstellung: Uwe Pahnke, Regina Meiser, Berlin
Gesamtgestaltung: Dagmar & Torsten Lemme, Berlin
Druck und Bindearbeiten: CPI – Clausen & Bosse, Leck
Printed in Germany
ISBN 978-3-589-23132-4

Gedruckt auf säurefreiem Papier,
umweltschonend hergestellt aus chlorfrei gebleichten Faserstoffen.

Vorwort

Liebe Schülerin, lieber Schüler,
dieses Buch soll dir helfen, wenn du Fragen zur deutschen Grammatik hast. Du findest hier Informationen zu allen wichtigen grammatischen Themen, die du im Unterricht ab der 5. Klasse bis zum Schulabschluss kennenlernst. Jedes Kapitel enthält Erklärungen sowie zahlreiche Beispiele und Tabellen zur Veranschaulichung der Inhalte.
Nutzen kannst du das Buch auf unterschiedliche Weise:

- Du kannst einzelne Kapitel zur Wiederholung und Vertiefung nachlesen, nachdem du sie in der Schule durchgenommen hast.
- Du kannst in der Grammatik gezielt nachschlagen, wenn du bei deinen Hausaufgaben oder Übungen auf ein Problem stößt. Im Stichwortverzeichnis am Ende des Buches steht, auf welcher Seite du etwas findest.

Die folgenden Symbole werden im Buch immer wieder verwendet:

↗ Mit dem kleinen Pfeil wird auf eine Seite oder ein Kapitel mit einem verwandten Thema verwiesen. Hier kannst du nachlesen, wenn du wissen möchtest, wie ein Thema mit einem anderen zusammenhängt.

i Ein Kasten, der mit dem kleinen „i" gekennzeichnet ist, enthält zusätzliche Informationen, wenn du ein Thema vertiefen möchtest.

! Dieses Zeichen macht dich auf eine Gefahrenstelle aufmerksam: Du bekommst Tipps, wie du Fehler vermeiden und Probleme lösen kannst.

Auf den farbig unterlegten Seiten findest du Erläuterungen zu besonderen Themen, die vielen Schülern oft Probleme bereiten. Mit diesen ergänzenden Ausführungen kannst du ein Thema vertiefen. Im Inhaltsverzeichnis erkennst du sie an der kursiven Schrift.
Auf den Seiten 120 bis 125 werden in einer Übersicht alle lateinischen Fachbegriffe ins Deutsche übersetzt und erklärt. Vielleicht hilft dir die kurze Erläuterung dort schon weiter und du musst nicht gleich ein ganzes Kapitel nachlesen.
„Grammatik" bedeutet auf Deutsch „Sprachlehre". Wenn man weiß, nach welchen Regeln und Bestimmungen eine Sprache aufgebaut ist, versteht man sie besser und bekommt zusätzlich wertvolle Hinweise für die Rechtschreibung oder Zeichensetzung. Auch für das eigene richtige Formulieren, z. B. in einem Aufsatz, braucht man grammatische Kenntnisse. Es lohnt also, sich mit Grammatik zu beschäftigen.
Viel Erfolg bei der Arbeit mit der Schulgrammatik Deutsch!

1 Nomen und Artikel

Was ist ein Nomen und wie wird es verwendet?

Nomen (auch **„Substantive“** genannt) sind Wörter zur Bezeichnung von konkreten Lebewesen und Gegenständen und von Abstraktem (was man sich denkt und vorstellt):
Personen: *Bruder, Mädchen, Briefträger, Nachbarin, Freunde ...*
Lebewesen im weiteren Sinne: *Katzen, Giraffe, Frosch, Kalb, Rosen, Birke ...*
Eigennamen: *Veronika, Papa, Frau Haller, München, Elbe, Deutschland ...*
Gegenstände: *Haustür, Rucksack, Bleistifte, Waschbecken, Autos ...*
Abstraktes: *Freundschaft, Neid, Glück, Kälte, Wetter ...*

! Im Deutschen werden Nomen immer großgeschrieben.

Das grammatische Geschlecht: das Genus

Jedes Nomen gehört zu einem der drei grammatischen Geschlechter, den Genera. Das Genus kann man im Singular am bestimmten Artikel erkennen:

Maskulinum („männliches Geschlecht“)	*der*	*Junge, Zaun, Baum, Hamster ...*
Femininum („weibliches Geschlecht“)	*die*	*Lehrerin, Tasche, Amsel, Garage ...*
Neutrum („sächliches Geschlecht“)	*das*	*Boot, Pferd, Gras, Kind ...*

Das grammatische Geschlecht stimmt häufig nicht mit dem natürlichen Geschlecht überein:

	natürliches Geschlecht	grammatisches Geschlecht
die Frau	weiblich	Femininum
der Vater	männlich	Maskulinum
das Kind	männlich oder weiblich	Neutrum
das Mädchen	weiblich	Neutrum
der Stuhl	sächlich	Maskulinum
die Küche	sächlich	Femininum

Numerus: Singular und Plural

Singular (Einzahl) und Plural (Mehrzahl) geben Auskunft darüber, in welcher Anzahl etwas vorhanden ist: einmal oder mehrmals.
Die meisten Nomen können im Singular oder im Plural stehen: *der Garten – die Gärten, der Tisch – die Tische, der Polizist – die Polizisten, die Straße – die Straßen, die Freundin – die Freundinnen, das Zimmer – die Zimmer, das Auto – die Autos, das Bild – die Bilder …*
Einige wenige Nomen haben nur einen Plural: *die Eltern, die Ferien, die Kosten, die Leute.*
Man muss auf ein anderes Wort ausweichen, wenn man den Singular verwenden will, z. B. *ein Elternteil, eine Person, ein Ferientag.*

Andere Nomen stehen im Allgemeinen nicht im Plural. Dazu gehören:

- Eigennamen: *Peter, Frau Hofer, Hamburg, der Atlantik …*
- Sogenannte „Stoffbezeichnungen“: *Milch, Mehl, Essig, Silber, Benzin …*
- Sammelbezeichnungen: *Gemüse, Obst, Laub, Geflügel …*
- Abstraktes: *Lärm, Kälte, Glück, Trauer, Hass …*

Auch in diesen Fällen kann man manchmal ein anderes Wort für einen „Ersatzplural“ verwenden: *Gemüsesorten, Glücksgefühle …*

Die Deklination der Nomen: die Kasus

Wenn man Nomen in einem Satz verwendet, stehen sie dort in einer bestimmten Form. Man spricht hier von den **Fällen** oder den **Kasus** (Singular: der Kasus).
Es gibt im Deutschen vier Kasus:

- Nominativ (1. Fall),
- Genitiv (2. Fall),
- Dativ (3. Fall) und
- Akkusativ (4. Fall).

Im folgenden Satz wird die Verwendung der vier Kasus gezeigt:

Der Hausmeister der Schule gibt der Lehrerin den Schlüssel.

Wer gibt der Lehrerin den Schlüssel?
Der Hausmeister – Nominativ (1. Fall)

Wessen Hausmeister gibt der Lehrerin den Schlüssel?
der Schule – Genitiv (2. Fall)

Wem gibt der Hausmeister der Schule den Schlüssel?
der Lehrerin – Dativ (3. Fall)

Wen oder was gibt der Hausmeister der Schule der Lehrerin?
den Schlüssel – Akkusativ (4. Fall)

In welchem Kasus ein Nomen steht, ist also von seiner Rolle im Satz abhängig. Das Subjekt eines Satzes (oben im Beispiel: *der Hausmeister*) steht immer im Nominativ, ein Objekt (oben im Beispiel: *der Lehrerin, den Schlüssel*) kann z. B. im Dativ oder Akkusativ stehen.
Viele Verben oder Präpositionen müssen immer mit einem bestimmten Kasus verbunden werden:

Akkusativ: *Wen oder was?*	Dativ: *Wem oder was?*	Genitiv: *Wessen?*
ihn mögen	*ihm* vertrauen	sich *seiner* erinnern
in *die Garage* fahren	auf *dem Stuhl* sitzen	trotz *des Wetters*

Man kann Nomen und andere Wortarten in die verschiedenen Kasus setzen (im Singular oder im Plural). Diesen Vorgang nennt man **„Deklination“** (Beugung) oder als Verb **„deklinieren“** (beugen). Eine Deklinationstabelle steht im Abschnitt zur Wortart „Artikel“ (S. 12).

Nominativ

Der 1. Fall ist der Nominativ. Kann man mit *Wer oder was …?* fragen, steht ein Wort oder eine Wortgruppe im Nominativ:

Das Haus hat die Familie Hofer von einem älteren Ehepaar gekauft.
Wer oder was hat das Haus von einem älteren Ehepaar gekauft?
Nominativ: *die Familie Hofer*

Es gehört ihnen seit einem Jahr.
Wer oder was gehört ihnen seit einem Jahr?
Nominativ: *es*

Genitiv

Der 2. Fall ist der Genitiv. Er dient zum Ausdruck von Zugehörigkeit und Besitz. Man erfragt ihn mit *Wessen ...?*:

Die Zimmer der Kinder sind im ersten Stock.
Wessen Zimmer sind im ersten Stock?
Genitiv: *der Kinder*

Dativ

Den 3. Fall nennt man Dativ. Man ermittelt ein Wort oder eine Wortgruppe im Dativ mit *Wem ...?*:

Das größte Zimmer gehört dem ältesten Sohn.
Wem gehört das größte Zimmer?
Dativ: *dem ältesten Sohn*

Mutters Arbeitszimmer liegt unter dem Dach.
Unter *wem* liegt Mutters Arbeitszimmer?
Dativ: *dem Dach*

Akkusativ

Der Akkusativ ist der 4. Fall. Die dazugehörige Frage beginnt mit *Wen oder was ...?*

Häufig laden die Kinder ihre neuen Freunde nach Hause ein.
Wen oder was laden die Kinder häufig nach Hause ein?
Akkusativ: *ihre neuen Freunde*

Die Tochter der Hofers mäht manchmal den Rasen.
Wen oder was mäht die Tochter der Hofers manchmal?
Akkusativ: *den Rasen*

Nominalisierungen (Substantivierungen)

Andere Wortarten können wie Nomen verwendet werden. Dazu gehören vor allem Adjektive und Verben. Man spricht dann von Nominalisierungen oder Substantivierungen:

Das Schönste am Haus ist der Garten. (Adjektiv: *schön*)

Verb: *spielen* (Infinitiv) - nominalisierter Infinitiv:

Die Kinder sind oft **zum Spielen** im Garten.

↗ Kapitel 2: Adjektiv
↗ Kapitel 8: Verb

! Wenn Adjektive oder Verben als Nomen gebraucht werden, schreibt man sie wie alle Nomen groß.

Was ist ein Artikel und wie wird er verwendet?

Der Artikel ist ein vorangestellter Begleiter des Nomens. Man unterscheidet den **bestimmten** und den **unbestimmten Artikel.**
Der unbestimmte Artikel verweist auf etwas Neues, Unbekanntes und nicht näher Bestimmtes.
Der bestimmte Artikel wird für allgemein Bekanntes, bereits Erwähntes oder genauer Bestimmtes verwendet:

Die Hofers haben **ein** Haus gekauft. (unbestimmter Artikel)
Es ist **das** Haus in **der** Wiesenstraße. (bestimmter Artikel)

Am bestimmten Artikel im Singular kann man das Geschlecht eines Nomens erkennen. Das zeigt diese Tabelle.

	Singular		
	Maskulinum	Femininum	Neutrum
Nominativ	*der Hund*	*die Mutter*	*das Kind*
Genitiv	*des Hundes*	*der Mutter*	*des Kindes*
Dativ	*dem Hund*	*der Mutter*	*dem Kind*
Akkusativ	*den Hund*	*die Mutter*	*das Kind*

	Plural		
	Maskulinum	Femininum	Neutrum
Nominativ	*die Hunde*	*die Mütter*	*die Kinder*
Genitiv	*der Hunde*	*der Mütter*	*der Kinder*
Dativ	*den Hunden*	*den Müttern*	*den Kindern*
Akkusativ	*die Hunde*	*die Mütter*	*die Kinder*

Überblick über den unbestimmten Artikel im Singular:

	Singular		
	Maskulinum	Femininum	Neutrum
Nominativ	*ein Freund*	*eine Tante*	*ein Auto*
Genitiv	*eines Freundes*	*einer Tante*	*eines Autos*
Dativ	*einem Freund*	*einer Tante*	*einem Auto*
Akkusativ	*einen Freund*	*eine Tante*	*ein Auto*

Im Plural gibt es den unbestimmten Artikel nicht:

Im Garten spielen **Kinder**.

Kindern gefallen lustige Spiele.

Frau Hofer mag **Kinder** gerne.

Der Artikel steht in einem Satz immer im selben Numerus und Kasus wie das Nomen, das er begleitet:

Frau Hofer stellt **die Liegestühle** in **den Garten**.

2 Adjektiv

Was ist ein Adjektiv?

Mit Adjektiven kann man die Eigenschaften und Merkmale von Lebewesen, Gegenständen, Abstraktem, Tätigkeiten und Vorgängen darstellen: Wie ist jemand? Wie ist etwas? Wie wird etwas getan?

Lebewesen: Lales Vater ist ein großer, schlanker **Mann**.
Gegenstände: Er trägt häufig sportliche **Kleidung**.
Abstraktes: Besonders bei schönem **Wetter** ist er viel draußen.
Tätigkeit: Er **fährt** mit seinem Fahrrad gern schnell.

Wie wird das Adjektiv verwendet?

Adjektiv beim Nomen: attributiver Gebrauch

Gehört das Adjektiv zu einem Nomen, steht es fast immer davor und hat den gleichen Numerus und Kasus wie das Nomen:

eine Lehrerin – eine nette Lehrerin.

Hier spricht man vom **attributiven Gebrauch,** da das Adjektiv als Attribut (dt. „beigefügte nähere Bestimmung“) eine Person oder einen Gegenstand näher beschreibt (↗ Kapitel 11: Attribut).
So sieht die Deklinationstabelle für das Adjektiv bei einem Nomen mit einem bestimmten Artikel und mit einem unbestimmten Artikel aus:

	Singular		
	Maskulinum	Femininum	Neutrum
Nominativ	*der neue Schüler* *ein neuer Schüler*	*die nette Lehrerin* *eine nette Lehrerin*	*das fröhliche Mädchen* *ein fröhliches Mädchen*
Genitiv	*des neuen Schülers* *eines neuen Schülers*	*der netten Lehrerin* *einer netten Lehrerin*	*des fröhlichen Mädchens* *eines fröhlichen Mädchens*
Dativ	*dem neuen Schüler* *einem neuen Schüler*	*der netten Lehrerin* *einer netten Lehrerin*	*dem fröhlichen Mädchen* *einem fröhlichen Mädchen*
Akkusativ	*den neuen Schüler* *einen neuen Schüler*	*die nette Lehrerin* *eine nette Lehrerin*	*das fröhliche Mädchen* *ein fröhliches Mädchen*

	Plural		
	Maskulinum	Femininum	Neutrum
Nominativ	*die neuen Schüler* *neue Schüler*	*die netten Lehrerinnen* *nette Lehrerinnen*	*die fröhlichen Mädchen* *fröhliche Mädchen*
Genitiv	*der neuen Schüler* *neuer Schüler*	*der netten Lehrerinnen* *netter Lehrerinnen*	*der fröhlichen Mädchen* *fröhlicher Mädchen*
Dativ	*den neuen Schülern* *neuen Schülern*	*den netten Lehrerinnen* *netten Lehrerinnen*	*den fröhlichen Mädchen* *fröhlichen Mädchen*
Akkusativ	*die neuen Schüler* *neue Schüler*	*die netten Lehrerinnen* *nette Lehrerinnen*	*die fröhlichen Mädchen* *fröhliche Mädchen*

i

Manche Farbadjektive können nicht dekliniert werden. Dazu gehören z. B. *rosa, lila, oliv, beige, orange, ocker.* Sie stehen entweder unverändert vor dem Nomen oder in einer Zusammensetzung:

Die **rosa** Blumen riechen sehr angenehm.

Die **rosafarbenen** Blumen gefallen Mutter am besten.

Adjektiv beim Verb: prädikative und adverbiale Verwendung

Auch ein Verb kann ein Adjektiv mit einem Nomen verbinden. Meistens sind dies Verben wie *sein, werden, bleiben, scheinen* (↗ Kapitel 10: Prädikativ). Das Adjektiv wird bei dieser **prädikativen Verwendung** nicht dekliniert, kann aber gesteigert werden:

Der Schüler ist **neu**.

Die Englischlehrerin ist **netter** als der Mathelehrer.

Die Mädchen sind **am fröhlichsten** von allen.

Das Adjektiv kann auch dazu verwendet werden, Vorgänge, Tätigkeiten oder Zustände näher zu bestimmen. Man nennt dies den **adverbialen Gebrauch** von Adjektiven.

Auch bei dieser Verwendung wird das Adjektiv nicht dekliniert, kann aber gesteigert werden:

Der Schüler **denkt angestrengt nach**.

Die Lehrerin **erklärt** die Aufgabe **ausführlich**.

Das Mädchen **singt fröhlich**.

Das Mädchen **singt fröhlicher** als die anderen Schüler.

Auch wenn Adjektive Tätigkeiten oder Vorgänge beschreiben und damit beim Verb stehen, bleiben sie Adjektive (in adverbialer Verwendung) und werden nicht etwa zum Adverb! Sie wechseln also die Wortart nicht!

Die Steigerung des Adjektivs

Die meisten Adjektive können gesteigert werden, damit man Vergleiche anstellen kann. Es gibt drei Steigerungsstufen:

- **Positiv** (Grundstufe): *nett, fröhlich, gut ...*
- **Komparativ** (Höherstufe, Steigerungsstufe): *netter, fröhlicher, besser ...*
- **Superlativ** (Höchststufe): *netteste (-r, -s), am fröhlichsten, beste (-r, -s) ...*

Eine Steigerung ist bei einigen Adjektiven nicht möglich oder nicht üblich. Dies sind Adjektive für einen Zustand, der keine Abstufungen kennt. Etwas oder jemand ist so oder nicht: *schriftlich, tot, nackt ...*

Adjektive, die selbst schon eine Verstärkung enthalten, werden normalerweise ebenfalls nicht gesteigert: *schneeweiß, rabenschwarz, riesengroß ...*

Ähnlich verhält es sich mit Adjektiven, die ohnehin schon ein Höchstmaß ausdrücken: *vollkommen, minimal, optimal ...*

Zu den Adjektiven ohne Steigerung gehören auch:

- Zahl- und Mengenwörter: *halb, ganz, einzig, doppelt ...*
- Adjektive mit der Endsilbe *-los: endlos, farblos, obdachlos ...*
- Farbadjektive, die nicht dekliniert werden: *lila, rosa, orange ...*

Werden Komparativ und Superlativ wie Attribute gebraucht, werden sie regelmäßig dekliniert:

Jetzt hat die Familie **freundlichere** Nachbarn als früher.
Es sind die **nettesten** Nachbarn überhaupt, findet Latif.
Herr Schuhmacher ist der **lustigste** Erwachsene, den Latif kennt.

Für den Vergleich in einem Satz verwendet man die beiden kleinen Wörter **als** und **wie** (zwei sogenannte „Vergleichspartikel"). Mit ihnen kann man die verglichenen Elemente verbinden. Sie werden unterschiedlich gebraucht.
Mit *wie* drückt man die Gleichheit von zwei Gegenständen, Personen usw. aus:

Lale ist **so hilfsbereit wie** ihre Mutter.

Latif schwimmt **so schnell wie** sein Vater.

Mit *als* wird die Ungleichheit dargestellt:

Dieses Buch ist **spannender als** viele andere.

Lale liest **konzentrierter als** ihr Bruder.

Die Nominalisierung des Adjektivs

Man kann viele Adjektive zu Nomen umwandeln, wenn man ihnen den passenden Artikel voranstellt und sie großschreibt:
Adjektiv: *jugendlich* – nominalisiertes Adjektiv:

Viele **Jugendliche** treiben Sport.

Adjektiv: *weiß* – nominalisiertes Adjektiv:

Was ist das **Weiße** da hinten?

Adjektive: *reich, schön* – nominalisierte Adjektive:

Die Zeitungen schreiben oft über **die Reichen** und **die Schönen**.

! Nicht immer handelt es sich bei einem Adjektiv mit vorangestelltem Artikel um eine Nominalisierung. Häufig wird das zum Adjektiv gehörige Nomen nur weggelassen, um eine Wortwiederholung zu vermeiden:

Diese Kleider sind wirklich hübsch. Aber ich mag **das rote** lieber als **das schwarze**.

Der Satz könnte also auch lauten:

Diese Kleider sind wirklich hübsch. Aber ich mag **das rote Kleid** lieber als **das schwarze Kleid**.

3 Numerale

Was ist ein Numerale?

Das Numerale (Plural: die Numeralia) ist ein Zahlwort. Es bezeichnet meist eine Anzahl oder Menge.
Man unterscheidet **Kardinalzahlen** (Grundzahlen), **Bruchzahlen, Ordinalzahlen** (Ordnungszahlen) und **Numeralia der unbestimmten Menge.**

> Weil die Verwendung der Numeralia in vielen Punkten der Verwendung von Adjektiven gleicht, werden sie in manchen Grammatiken auch als „Zahladjektive" bezeichnet.

Welche Numeralia gibt es?

Die Kardinalzahl

Die Grund- oder Kardinalzahlen geben eine Anzahl von etwas an. Sie stehen wie das Adjektiv vor einem Nomen, werden aber nicht dekliniert (eine Ausnahme ist *beide* als Ersatz für *zwei*):

Tims kleine Schwester ist **drei** Jahre alt.
Die **zwei** Kinder gehen in den Kindergarten. **Beide** Kinder gehen in den Kindergarten.
Der März hat **einunddreißig** Tage.

Wie ein Adjektiv kann auch eine Kardinalzahl ohne Nomen stehen, wenn man eine Wortwiederholung vermeiden will:

Tims kleine Schwester ist **drei** Jahre alt, die große ist **fünfzehn**.
Beide haben wie er im Juni Geburtstag.
Der März hat **einunddreißig** Tage, der April hat **dreißig**.

Vor dem Numerale können auch noch Artikel und andere Begleiter stehen:

Die drei Kinder haben im Juni Geburtstag.
Tim feiert immer mit **seinen zwei Schwestern**.
Januar, März, Mai, Juli, August, Oktober, Dezember: **Diese sieben Monate** haben einunddreißig Tage.

Im Gegensatz zu *eins, zwei, drei, zwölf, vierzig, hundert, tausend ...* sind die Kardinalzahlen *eine Million, eine Milliarde* usw. Nomen. Sie können daher auch allein stehen und einen Plural bilden:

Tim hofft auf einen Lottogewinn von **einer Million Euro**.
Jemand hat diese Woche im Lotto **sieben Millionen** gewonnen.
Das Fußballspiel wurde von **fünf Millionen Zuschauern** im Fernsehen verfolgt.

Die Bruchzahl

Die Bruchzahlen *halb, viertel, drittel* usw. können mit Ausnahme von *halb* nicht dekliniert werden. Oft werden sie als Nominalisierung verwendet:

Saskia hat zu ihrem Geburtstag ihre **halbe Klasse** eingeladen.
Die Kinder kommen in einer **viertel Stunde**.
Bircan isst allein **ein Viertel** von der Torte.

Die Ordinalzahl

Mit den Ordinalzahlen wird eine Reihenfolge festgelegt: *(der/die/das) erste, zweite, dritte, vierte, elfte, zwanzigste ...*
Die Ordinalzahlen werden dekliniert wie Adjektive:

Tim feiert seinen **zwölften** Geburtstag.
Das Fest ist am **vierzehnten** Juni.
Der **vierzehnte** Juni ist ein Samstag.

Ordinalzahlen können auf unterschiedliche Weise gebraucht werden:

Bircan ist **der erste Gast**. (attributiv)
Bircan ist **der Erste**, der ankommt. (nominalisiert)

Unbestimmtes Numerale

Unbestimmte Numeralia geben keine genaue, sondern eine ungefähre Anzahl oder Menge an: *viel (mehrere, die meisten), zahlreich, wenig, ganz, sonstig ...*
Unbestimmte Numeralia werden verwendet wie attributive Adjektive:

Saskia hatte **viele Gäste** zu ihrem Geburtstag eingeladen.
Die meisten blieben bis zum frühen Abend.
Nur **wenige** mussten schon früher gehen.

Es ist nicht ganz einfach, unbestimmte Numeralia und Indefinitpronomen voneinander zu unterscheiden, da sie einen ähnlichen Sachverhalt ausdrücken: eine nicht genau genannte Anzahl.
Als Hilfe kann folgende Regel dienen:
Indefinitpronomen sind all diejenigen Wörter, die keinen bestimmten Artikel mehr vor sich haben können, sondern allein stehen oder ohne bestimmten Artikel das Nomen begleiten:

Es gefiel **allen** Kinder gut.
(nicht: ... den allen Kindern ...)
Saskia hatte **einige** zum ersten Mal eingeladen.
(nicht: ... die einige ...)

Unbestimmte Numeralia können dagegen mit dem bestimmten Artikel stehen:

Hast du **die vielen** Geschenke gesehen?
Die Kinder haben **den ganzen** Kuchen aufgegessen.

4 Pronomen

Was ist ein Pronomen?

Von der Wortbedeutung her ist ein Pronomen ein Wort, das „für das Nomen“, also an der Stelle des Nomens, steht. Wenn bei dem Nomen noch Artikel und Adjektiv stehen, werden sie ebenfalls mit ersetzt.

	die Kinder	
Am Wochenende spielen	*die sportlichen Kinder*	*oft Fußball.*
	sie	

Viele Pronomen ersetzen aber nicht nur Nomen und Eigennamen, sie können auch – ähnlich dem Artikel – vor dem Nomen (+ Artikel usw.) stehen:

	die Kinder	
Am Wochenende spielen	*die drei Kinder*	*oft Fußball.*
	***ihre** drei Kinder*	

	die Kinder	
Am Wochenende spielen	*die sportlichen Kinder*	*oft Fußball.*
	***diese** sportlichen Kinder*	

In diesem Kapitel werden daher die Pronomen als **Stellvertreter** und als **Begleiter** unterschieden.

Welche Pronomen gibt es und wie werden sie verwendet?

Personalpronomen

Das Personalpronomen ist ein echter Stellvertreter: Es steht ausschließlich an der Stelle eines Nomens (+ Artikel).

Dabei unterscheidet man die Personalpronomen unter anderem nach der Person, für die sie stehen:

- Die Pronomen der **1. Person** bezeichnen die **sprechende Person** *(ich)* oder eine Gruppe, zu der die sprechende Person gehört *(wir).*
- Die Pronomen der **2. Person** bezeichnen die angesprochene Person *(du, Sie)* oder eine Gruppe, zu der die angesprochene **Person gehört** *(ihr, Ihnen).* Man unterscheidet dabei die vertraute Anrede *(du, ihr)* für Personen, die man gut kennt (Familienmitglieder, Freunde), und die höfliche Anrede *(Sie, Ihnen)* für Personen, zu denen man eine weniger enge Beziehung hat oder die man gar nicht persönlich kennt. Die Pronomen der höflichen Anrede werden immer großgeschrieben.
- Die Pronomen der **3. Person** bezeichnen die **Person oder Sache, über die gesprochen wird** *(er, sie, es),* oder eine Gruppe, zu der diese besprochene Person oder Sache gehört *(sie).*

Personalpronomen werden wie Nomen nach dem Numerus (Singular und Plural) unterschieden.

Man kann sie auch deklinieren, also in die verschiedenen Kasus (Nominativ, Genitiv, Dativ und Akkusativ) setzen. Die Formen des Genitivs werden selten gebraucht und stehen daher unten in Klammern.

Eine Unterscheidung nach dem Genus (Maskulinum, Femininum, Neutrum) gibt es nur in der 3. Person Singular (in allen Kasus).

Die Deklinationstabellen zeigen alle Formen:

	Singular					
	1. Person	2. Person vertraute Anrede	höfliche Anrede	3. Person mask.	fem.	neutr.
Nominativ	*ich*	*du*	*Sie*	*er*	*sie*	*es*
Genitiv	*(meiner)*	*(deiner)*	*(Ihrer)*	*(seiner)*	*(ihrer)*	*(seiner)*
Dativ	*mir*	*dir*	*Ihnen*	*ihm*	*ihr*	*ihm*
Akkusativ	*mich*	*dich*	*Sie*	*ihn*	*sie*	*es*

	Plural			
	1. Person	2. Person vertraute Anrede	höfliche Anrede	3. Person
Nominativ	*wir*	*ihr*	*Sie*	*sie*
Genitiv	*(unser)*	*(euer)*	*(Ihrer)*	*(ihrer)*
Dativ	*uns*	*euch*	*Ihnen*	*ihnen*
Akkusativ	*uns*	*euch*	*Sie*	*sie*

Die Personalpronomen im Nominativ können im Satz das Subjekt sein:

		Subjekt	
Am Samstag	*gehe*	*ich*	*immer einkaufen.*
	gehst	*du*	
	gehen	*Sie*	
	geht	*er/sie/es*	
	gehen	*wir*	
	geht	*ihr*	
	gehen	*Sie*	
	gehen	*sie*	

Die Personalpronomen der anderen Fälle können als Objekte oder in Präpositionalgefügen verwendet werden:

- Akkusativobjekt: Wir haben **euch** in der Stadt gesehen.
- Dativobjekt: Sie hat **ihr** zugewinkt.
- Genitivobjekt: Ich erinnere mich **seiner** genau. (Wird selten so gebraucht, meist sagt man: Ich erinnere mich genau an ihn.)
- Präpositionalobjekt: Ich habe im Café lange **auf dich** gewartet.
- Modaladverbiale: Sonntags gehen sie **mit ihnen** essen.

Possessivpronomen

Das Possessivpronomen drückt ein **Besitzverhältnis** oder eine **Zugehörigkeit** zwischen zwei Personen/Gegenständen aus:

Herr Müller führt **seinen** Hund spazieren.

Rachel trifft **ihre** Freundinnen.

Nina: „Ich kann **meinen** Tennisschläger nicht finden!“

Es gibt verschiedene Possessivpronomen für die 1., 2. und 3. Person im Singular und im Plural. Die Endung richtet sich in Kasus, Numerus und Genus nach dem Nomen, das vom Possessivpronomen begleitet wird:
mein Pferd – seinen Hunden – ihrer Katze – unserem Pferd – Ihres Hundes

	Singular						
	1. Person	2. Person vertraute Anrede	höfliche Anrede	3. Person Mask.	Fem.	Neutr.	
Nominativ	*mein* *meine*	*dein* *deine*	*Ihr* *Ihre*	*sein* *seine*	*ihr* *ihre*	*sein* *seine*	*Hund, Pferd* *Katze; Hunde, Katzen …*
Genitiv	*meines* *meiner*	*deines* *deiner*	*Ihres* *Ihrer*	*seines* *seiner*	*ihres* *ihrer*	*seines* *seiner*	*Hundes, Pferdes* *Katze; Hunde, Pferde …*
Dativ	*meinem* *meiner* *meinen*	*deinem* *deiner* *deinen*	*Ihrem* *Ihrer* *Ihren*	*seinem* *seiner* *seinen*	*ihrem* *ihrer* *ihren*	*seinem* *seiner* *seinen*	*Hund, Pferd* *Katze;* *Hunden, Katzen …*
Akkusativ	*meinen* *meine* *mein*	*deinen* *deine* *dein*	*Ihren* *Ihre* *Ihr*	*seinen* *seine* *sein*	*ihren* *ihre* *ihr*	*seinen* *seine* *sein*	*Hund* *Katze; Hunde, Pferde …* *Pferd*

	Plural				
	1. Person	2. Person vertraute Anrede	höfliche Anrede	3. Person	
Nominativ	*unser* *unsere*	*euer* *eure*	*Ihr* *Ihre*	*ihr* *ihre*	*Hund, Pferd* *Katze; Hunde, Pferde, Katzen*
Genitiv	*unseres* *unserer*	*eures* *eurer*	*Ihres* *Ihrer*	*ihres* *ihrer*	*Hundes, Pferdes* *Katze; Hunde, Pferde, Katzen*
Dativ	*unserem* *unserer* *unseren*	*eurem* *eurer* *euren*	*Ihrem* *Ihrer* *Ihren*	*ihrem* *ihrer* *ihren*	*Hund, Pferd* *Katze* *Hunden, Pferden, Katzen*
Akkusativ	*unseren* *unsere* *unser*	*euren* *eure* *euer*	*Ihren* *Ihre* *Ihr*	*ihren* *ihre* *ihr*	*Hund* *Katze; Hunde, Pferde, Katzen* *Pferd*

Meistens wird das Possessivpronomen als Begleiter verwendet. Es kann aber auch ohne nachfolgendes Nomen stehen. Dies ist vor allem dann der Fall, wenn man die Wiederholung eines Nomens vermeiden will:

Demir: „Kann ich **dein** Fahrrad haben? (Begleiter)
Meines (= mein Fahrrad) ist platt."

Lena fotografiert mit Papas Kamera, weil **seine** Kamera (Begleiter) besser ist als **ihre** (= ihre Kamera).

Demonstrativpronomen

Die Aufgabe der Demonstrativpronomen ist es, auf etwas oder jemanden ausdrücklich hinzuweisen, es zu zeigen oder zu „demonstrieren". Sie werden daher auch als **hinweisende Fürwörter** bezeichnet.
Die Demonstrativpronomen *dieser, diese, dieses, jener, jene, jenes, derselbe, dieselbe, dasselbe* können Begleiter oder Stellvertreter sein:

Pia hat **dieses Spiel** von ihren Großeltern bekommen. (Begleiter)
Können wir das Spiel spielen? – Meinst du **dieses** hier? (Stellvertreter)
Diese Bücher auf dem Tisch sind neu, **jene** im Regal hat Pia schon länger. (Begleiter/Stellvertreter)
Seit Wochen liest Pia aber immer wieder **dasselbe Buch**. (Begleiter)
Sie findet es gar nicht langweilig, **dieselben Geschichten** mehrmals zu lesen. (Begleiter)

Patrick dagegen langweilt sich schon, wenn er dasselbe zweimal lesen soll. (Stellvertreter)

Oft verweist man mit *jener* auf etwas, das zeitlich oder räumlich weiter entfernt ist als etwas anderes, auf das mit *dieser* hingewiesen wird:

Dieses Buch ist sehr spannend. **Jenes** dort ist nicht so gut.
Erinnerst du dich noch an **jenen Sommer** vor ein paar Jahren, der fast so heiß war wie **dieser**?

Die Formen der Demonstrativpronomen *dieser, jener, derselbe* lauten:

	Singular			Plural
	Mask.	Fem.	Neutr.	für alle Genera
Nominativ	*dieser* *jener* *derselbe*	*diese* *jene* *dieselbe*	*dieses* *jenes* *dasselbe*	*diese* *jene* *dieselben*
Genitiv	*dieses* *jenes* *desselben*	*dieser* *jener* *derselben*	*dieses* *jenes* *desselben*	*dieser* *jener* *derselben*
Dativ	*diesem* *jenem* *demselben*	*dieser* *jener* *derselben*	*diesem* *jenem* *demselben*	*diesen* *jenen* *denselben*
Akkusativ	*diesen* *jenen* *denselben*	*diese* *jene* *dieselbe*	*dieses* *jenes* *dasselbe*	*diese* *jene* *dieselben*

Auch *der, die, das* und die dazugehörigen Formen können als Demonstrativpronomen gebraucht werden. Sie kommen nur als Stellvertreter vor:

„Monopoly“ ist Patricks Lieblingsspiel. **Das** will er andauernd spielen.
„**Denen** hab ich's heute aber gezeigt!“, freut er sich nach einem Sieg gegen seine älteren Geschwister.
Die sind froh, dass er nicht gleich noch einmal spielen will.

Achtung: Demonstrativpronomen *der, die, das* nicht mit dem bestimmten Artikel verwechseln!

Der bestimmte Artikel begleitet ein Nomen:

Das Spiel will er andauernd spielen.

„**Den Angebern** hab ich's heute aber gezeigt!", freut Patrick sich.

Die Geschwister sind froh, dass er nicht noch einmal spielen will.

Das Demonstrativpronomen ersetzt ein Nomen (+ Artikel oder anderer Begleiter):

Das will er andauernd spielen.

„**Denen** hab ich's heute aber gezeigt!", freut er sich.

Die sind froh, dass er nicht gleich noch einmal spielen will.

Indefinitpronomen

Ein Indefinitpronomen verwendet man meist in einer ziemlich ungenauen Aussage über Personen oder Gegenstände, z. B. über ihre Anzahl oder ihre Beschaffenheit. Daher heißen die Indefinitpronomen auch **unbestimmte Fürwörter.**

Franziska findet fast **alle** Autos interessant.

Einige Modelle mag sie jedoch lieber als andere.

Sie hat schon **mehrere** Bücher über die Geschichte des Automobils gelesen.

Zum Geburtstag hat ihr **jemand** einen Film darüber geschenkt.

Keiner weiß, woher diese Begeisterung für Autos kommt.

Mit den Indefinitpronomen *alle, jede* sowie *kein, niemand, nichts* kann man zwar eine Menge näher bestimmen, aber davon abgesehen liefert man keine weiteren Informationen.

Viele Indefinitpronomen können Stellvertreter oder Begleiter sein, manche nur Stellvertreter:

- Stellvertreter oder Begleiter:
  - *alle, einige, etliche, etwas, jede, kein, manche, mehrere*
  - die festen Verbindungen *ein bisschen, ein paar, ein wenig*

Franziska hat **einige Modellautos. Einige** waren Geschenke.

Alle stehen in einer Vitrine. **Alle Oldtimer** stehen vorne.

Manche Wagen sind Spielzeug, **manche** sind sogar recht wertvoll.

Jeder Sammler hätte sie gerne, aber Franziska möchte **keines** verkaufen.

Sie will **kein Auto** weggeben, sondern **jedes** behalten.

- Nur Stellvertreter:
  - *irgendetwas, irgendjemand, jemand, niemand, man, nichts*

  In der Familie ist **niemand** so ein Autonarr wie Franziska.

  Nichts interessiert sie so sehr wie Autos.

  Man fragt sich, woher das kommt.

Diese Indefinitpronomen können nicht dekliniert werden, sie haben also eine unveränderbare Form: *etwas, man, nichts.*

Wie man Numeralia der unbestimmten Menge von Indefinitpronomen unterscheiden kann: ↗ Kasten auf S. 20.

Reflexivpronomen

Ein Reflexivpronomen greift das Subjekt eines Satzes noch einmal auf, bezieht sich darauf zurück. Daher wird es auch **rückbezügliches Fürwort** genannt:

Die Spielerinnen ziehen **sich** in der Kabine ihre Trikots an.

Miriams Vater freut **sich** über den Sieg der Mannschaft.

Mit dem Subjekt des Satzes und dem Reflexivpronomen muss also immer die gleiche Person gemeint sein, andernfalls handelt es sich nicht um ein Reflexivpronomen, sondern um ein Personalpronomen:

Reflexivpronomen	Personalpronomen
Die Spielerin beklagt **sich** über unsportliches Verhalten.	Der Schiedsrichter pfeift nicht. **Sie** beschuldigt **ihn**, nicht objektiv zu sein.
„**Ich** ruhe **mich** erst einmal aus", ruft Miriam ihrer Mutter nach dem Spiel zu.	„Meine Sportsachen sind schmutzig. **Ich** wasche **sie** jetzt", sagt Miriam zu Hause.

Reflexivpronomen kommen vor allem im Akkusativ und im Dativ vor:

Akkusativ (Frage: Wen oder was?):

„Ich habe **mich** verletzt", klagt eine Spielerin.

Die Siegerinnen fühlen **sich** wunderbar.

Dativ (Frage: Wem oder was?):

Die gegnerische Mannschaft hat **sich** mit den vielen Fouls nur geschadet.

„Ich wünsche **mir** nächste Woche eine bessere Leistung", meint ihr Trainer.

Die vollständige Formentabelle sieht so aus:

	Singular			Plural		
	1. Person	2. Person	3. Person	1. Person	2. Person	3. Person
Dativ	*mir*	*dir*	*sich*	*uns*	*euch*	*sich*
Akkusativ	*mich*	*dich*	*sich*	*uns*	*euch*	*sich*

Interrogativpronomen

Mit den **Fragepronomen** *wer* und *was* kann man nach Personen, Gegenständen und Abstraktem fragen. Sie sind echte Stellvertreter. Beide Interrogativpronomen gibt es nur im Singular, da man ja im Normalfall nicht weiß, nach wie vielen Personen oder Gegenständen man fragt.

Frage nach Personen:

Wer spielte heute besser?
Die Mitglieder von Miriams Mannschaft spielten heute besser.

Wessen Vater war stolz auf seine Tochter?
Miriams Vater war stolz auf seine Tochter.

Wem fiel Miriam nach dem Sieg um den Hals?
Nach dem Sieg fiel sie **ihrer Mutter** um den Hals.

Wen feierten die Mädchen nach dem Abpfiff?
Nach dem Abpfiff feierten sie **ihren Trainer**.

Fragen nach Gegenständen/Abstraktem:

Was hörte Mitte der zweiten Halbzeit auf?
Mitte der zweiten Halbzeit hörte **der Regen** auf.

Wessen Tempo nahm zu?
Das Tempo **des Spiels** nahm zu.

Mit was hatten die Gegnerinnen Probleme?
Sie hatten Probleme mit **dem hohen Tempo**.

Was zeigte der Schiedsrichter einer Spielerin?
Der Schiedsrichter zeigte ihr **die rote Karte**.

Die Formen der Interrogativpronomen lauten also in den verschiedenen Kasus:

	Personen: Wer?	Gegenstände/Abstraktes: Was?
Nominativ	*wer*	*was*
Genitiv	*wessen*	*wessen*
Dativ	*wem*	*was* (nur nach Präposition)
Akkusativ	*wen*	*was*

Zu den Interrogativpronomen gehört auch *welche* mit allen Formen:

Welcher Tag ist heute?
An **welchem** Tag ist das nächste Spiel?
Welches Jahr war im Sport dein bestes?
In **welchem** Jahr warst du besonders in Form?
An **welche** Minute des Spiels erinnerst du dich besonders gern?

Welche kann auch Stellvertreter sein:

Der Abwehr sind viele Fehler unterlaufen. – **Welche** meinst du?
Welchen soll ich zuerst nennen?

Alle Interrogativpronomen werden in indirekten Fragesätzen verwendet:

Wer hat heute besser gespielt? Ich kann nicht sagen, **wer** heute besser gespielt hat.
Was hat der Trainer falsch gemacht? Es ist dem Trainer ein Rätsel, **was** er falsch gemacht hat.
Welche Fehler sind ihm passiert? Er fragt sich selbst, **welche** Fehler ihm passiert sind.

Relativpronomen

Bei den Relativpronomen handelt es sich um echte Stellvertreter. Sie stehen im Nebensatz (Relativsatz) für ein Nomen/Pronomen, das vorher bereits genannt wurde:

Adina möchte den **Film, der** heute in die Kinos kommt, gerne sehen.
Der **Film, dessen** Titel lustig klingt, wurde in England gedreht.
Darin spielen viele **Schauspieler, die** sie gut findet.
Die **Schauspielerin, welche** die Hauptrolle spielt, ist Amerikanerin.

Da sich das Relativpronomen auf ein anderes Wort oder eine Wortgruppe bezieht, wird es auch **bezügliches Fürwort** genannt.
Meistens leitet das Relativpronomen den Nebensatz ein. Nur eine Präposition kann im Relativsatz noch vor dem Relativpronomen stehen:

Die Freundinnen, **mit denen** Adina oft ins Kino geht, heißen Jenny und Christina.

Das Kino, **in das** sie am liebsten gehen, ist sehr modern.

Das Relativpronomen *welche* kommt weniger häufig vor als *der, die, das.* Meistens benutzt man es, um zu vermeiden, dass zwei gleiche Wörter (Relativpronomen und bestimmter Artikel) direkt aufeinander folgen:

Die **Schauspielerin**, **die die** Hauptrolle spielt, ist Amerikanerin.

Die **Schauspielerin**, **welche** die Hauptrolle spielt, ist Amerikanerin.

Das Relativpronomen *was* kann sich auch auf die gesamte vorherige Aussage beziehen:

Adina möchte gerne in die Abendvorstellung gehen, **was** ihre Mutter aber nicht erlaubt.

Im Genitiv ist *welche* ungebräuchlich. Die Formen der Relativpronomen lauten daher:

	Singular			Plural
	Mask.	Fem.	Neutr.	alle Genera
Nominativ	*der* *welcher*	*die* *welche*	*das* *welches*	*die* *welche*
Genitiv	*dessen*	*deren*	*dessen*	*deren*
Dativ	*dem* *welchem*	*der* *welcher*	*dem* *welchem*	*denen* *welchen*
Akkusativ	*den* *welchen*	*die* *welche*	*das* *welches*	*die* *welche*

Was sind Partikel (dt. „kleines Teilchen")?

Die Wortarten Präposition, Adverb und Konjunktionen werden oft unter dem Sammelbegriff **„Partikeln"** (Singular: die Partikel) zusammengefasst. Partikeln sind Wörter, die nicht veränderbar sind, also nicht dekliniert werden können. Als Fügewörter sind sie wichtig in Sätzen und Texten, die man sonst nicht verstehen könnte. Im Textbeispiel sind alle Partikeln hervorgehoben:

> Die meisten Römer lebten **von** Brot, Getreidebrei **und** Gemüse. **Um** die Mahlzeiten schmackhafter **zu** machen, verwendeten sie Kräuter **oder** exotische Gewürze. **Nur** reiche Römer konnten sich prunkvolle Gelage **mit** vielen verschiedenen Speisen leisten. **Für** sie kochten ihre Sklaven **oft** stundenlang **in** der Küche.

Oft werden zu den Partikeln auch noch die **Interjektionen** gezählt. Es handelt sich dabei um Ausrufe, die in ihrer Form ebenfalls immer gleich bleiben: *ach, aha, aua, he, igitt ...*

Interjektionen dienen dazu, ein Gefühl zum Ausdruck zu bringen, und ersetzen meist einen ganzen Satz:

> Igitt! statt Das ist aber ekelhaft!
> Aua! statt Das tut weh!

5 Präposition

Was ist eine Präposition und wie wird sie verwendet?

Präpositionen werden auch **Verhältniswörter** genannt, da mit ihrer Hilfe das Verhältnis zwischen Satzteilen deutlich wird. Es handelt sich dabei meist um ein räumliches oder zeitliches Verhältnis, es kann aber auch die Art und Weise oder eine Begründung ausgedrückt werden.
Präpositionen können vor einem Nomen, vor einem Pronomen oder vor einem Adverb oder Adjektiv stehen.

Anna geht **nach** dem Unterricht schwimmen.
Manchmal trainiert ihre Freundin **mit** ihr.
Sie hält Annas Leistung **für** gut.

Eine Wortgruppe, an deren Anfang eine Präposition steht, nennt man **Präpositionalgefüge.**

Art der Beziehung	räumlich	zeitlich	Art und Weise	Begründung
Fragewort	Wo? Wohin? Woher?	Wann? Wie lange?	Wie?	Warum? Weswegen?
Fachbegriff	lokal	temporal	modal	kausal
mögliche Präpositionen	*bei, in, nach, neben, unter, vor, zu …*	*an, bei, bis, gegen, in, nach, seit, während …*	*auf, aus, bei, mit, ohne, von …*	*aus, durch, mit, trotz, um, wegen …*
Beispielsatz	Das Schwimmbad **neben** der Schule ist neu.	Das Hallenbad ist **während** der Sommerferien geschlossen.	Die Schüler dürfen **ohne** Aufsicht nicht schwimmen.	Alle gehen heute **wegen** des schönen Wetters ins Freibad.
Präpositionalgefüge	*neben der Schule*	*während der Sommerferien*	*ohne Aufsicht*	*wegen des schönen Wetters*

Kausale, nachgestellte und mehrteilige Präpositionen

1. Kausale Präpositionen

Kausale Präpositionen werden inhaltlich manchmal noch genauer unterschieden:

- **konsekutive** Präposition (Folge, Auswirkung: Mit welcher Folge?):
  Zur Freude der Schüler endet der Unterricht heute früher.
- **instrumentale** Präposition (Mittel: Womit? Wodurch?):
  Ihre Noten haben sich **durch** die Nachhilfe verbessert.
- **konditionale** Präposition (Bedingung: Unter welcher Bedingung?):
  Die Schüler akzeptieren den Vorschlag **unter** Protest.
- **konzessive** Präposition (wirkungsloser Grund: Trotz welchen Umstands?):
  Das Schulfest fand **trotz** des schlechten Wetters statt.
- **finale** Präposition (Zweck, Anlass: Zu welchem Zweck?):
  Die Ferien sind **zur** Entspannung da.

2. Nachgestellte Präpositionen

Meist steht die Präposition am Anfang eines Präpositionalgefüges, aber einige wenige Präpositionen werden dem Nomen oder Pronomen nachgestellt:

Den Schülern **zuliebe** und des schönen Wetters **halber** gibt es heute keine Hausaufgaben.
Der Lehrerin **zufolge**/Ihr **zufolge** ist dies eine Ausnahme.
Am Fluss **entlang** laufen die Mädchen nach Hause. (Auch möglich: **Entlang** dem Fluss/**Entlang** des Flusses laufen die Mädchen nach Hause.)

3. Mehrteilige Präpositionen

Außerdem gibt es einige Präpositionen, die aus mehr als einem Wort bestehen. Man nennt sie **mehrteilige Präpositionen.** Meist kann man sie durch eine einfache Präposition ersetzen:

Im Verlauf von mehreren Stunden erläutert der Lehrer der Klasse das Problem.
= **Während** mehrerer Stunden erläutert der Lehrer ...

An Stelle des Deutschlehrers betritt die Direktorin das Klassenzimmer.
= **Statt** des Deutschlehrers betritt ...

Manche Präpositionen haben mehrere Bedeutungen. Bei der genauen Bestimmung der Wortart muss man daher immer den Zusammenhang beachten, in dem das Präpositionalgefüge steht:

Die Schüler sind **in** der Aula.
→ Wo? → **lokale** Präposition

Der Unterricht beginnt **in** fünf Minuten.
→ Wann? → **temporale** Präposition

Er kam **aus** dem Klassenzimmer.
→ Woher? → **lokale** Präposition

Seine Schultasche ist **aus** Leder.
→ Wie? Woraus? → **modale** Präposition

Aus Liebe zur Musik leitet er den Chor.
→ Warum? → **kausale** Präposition

Eine Präposition bestimmt den Kasus des nachfolgenden Nomens oder Pronomens.
Viele Präpositionen können nur einen bestimmten Kasus nach sich haben:

Präpositionen mit Genitiv: Wessen?
aufgrund, innerhalb, jenseits, laut, statt, trotz, während, wegen …

Aufgrund der Krankheit eines Lehrers hat die Klasse heute **statt des Deutschunterrichts** frei.

Präpositionen mit Dativ: Wem?
aus, bei, entgegen, gemäß, mit, nach, seit, von, zu …

Mit einer Durchsage informiert der Direktor die Schüler: Sie haben **nach dieser Stunde** hitzefrei!

Präpositionen mit Akkusativ: Wen oder was?
bis, durch, für, gegen, ohne, um …

Die Mehrheit der Klasse ist **für den Ausflug**, nur wenige sind **gegen die Idee**.

Präpositionen wie *trotz, dank, laut, statt* und *wegen* werden in der gesprochenen Sprache auch mit Dativ verwendet.
Wer sich aber korrekt ausdrücken möchte, sollte den Genitiv verwenden, wie es in der Schriftsprache auch meist der Fall ist.

Dank den Spenden/der Spenden kann der Pausenhof neu gestaltet werden.

Statt dem Wandertag/des Wandertages soll ein Sportfest stattfinden.

Nach vielen **lokalen** Präpositionen kann das nachfolgende Wort oder die nachfolgende Wortgruppe im Dativ oder im Akkusativ stehen. Diese Präpositionen werden als **Wechselpräpositionen** bezeichnet.
Es ist jedoch nicht gleichgültig, welcher Kasus verwendet wird: Der Dativ steht, wenn es sich um eine Lagebezeichnung handelt (Frage: *Wo?*), bei einer Richtungsangabe (Frage: *Wohin?*) steht der Akkusativ:

lokale Präposition (Wechselpräposition)	mit dem Dativ: Wo?	mit dem Akkusativ: Wohin?
auf	Das Klassenbuch liegt **auf dem Pult.** *(Auf wem ...?)*	Er legt das Klassenbuch **auf das Pult.** *(Auf wen oder was ...?)*
hinter	Auch **hinter dem Abfalleimer** liegt Müll. *(Hinter wem ...?)*	Karina wirft etwas **hinter den Abfalleimer.** *(Hinter wen oder was ...?)*
in	**In seiner Tasche** kann Malik nicht immer alles finden. *(In wem ...?)*	Er schaut deshalb oft lange **in die Tasche.** *(In wen oder was ...?)*
unter	Jetzt wühlt er **unter dem Federmäppchen** herum. *(Unter wem ...?)*	Denn sein Pausenbrot ist **unter das Federmäppchen** gerutscht. *(Unter wen oder was ...?)*

Dies gilt auch für *an, neben, über, vor* und *zwischen.*

Im Dativ und Akkusativ können manche Präpositionen mit einem nachfolgenden bestimmten Artikel verschmelzen:

Dativ:

an + dem: ***am*** *Morgen beginnen*

bei + dem: ***beim*** *Sprechen lächeln*

in + dem: ***im*** *Klassenzimmer sein*

von + dem: ***vom*** *Lernen genug haben*

zu + dem: ***zum*** *Sportunterricht gehen*

zu + der: ***zur*** *Decke starren*

Akkusativ:

an + das: ***ans*** *Meer fahren*

auf + das: sich ***aufs*** *Wochenende freuen*

in + das: ***ins*** *Heft schreiben*

Was leistet eine Präposition im Satz?

Nach einer Präposition können verschiedene Wortarten stehen, z. B.:

- Nomen: *ohne Grund*
  Nomen mit Artikel: *nach der Schule*
  Nomen mit anderem Begleiter: *mit ihrem Freund*
  Nomen mit Adjektiv: *bei schönem Wetter*
- Pronomen: *über ihn, auf ihn*
- nominalisiertes Adjektiv: *auf Englisch*
- Adverb: *bis jetzt*

Wegen dieser Vielseitigkeit können Präpositionalgefüge auch verschiedene Aufgaben im Satz übernehmen:

Adverbiale Bestimmung:

Bei schönem Wetter geht Julia **mit ihrem Freund** schwimmen.

Bis jetzt haben sie sich immer gut vertragen.

Aber gestern hat Martin Julia **ohne Grund** angeschrien.

Präpositionalobjekt:

Julia hat sich deshalb **über ihn** geärgert.

Präpositionalattribut:

Die Wut **auf ihn** ist enorm.

6 Adverb

Was ist ein Adverb?

Im Deutschen wird das Adverb (Plural: Adverbien) **Umstandswort** genannt. Adverbien können die genaueren Umstände eines Geschehens angeben sowie andere Wörter genauer bestimmen. Sie geben also unter anderem Auskunft auf folgende Fragen: Wann, wo, wie oder warum passiert etwas? Wo befindet sich etwas?
Man unterscheidet verschiedene Arten von Adverbien:

Umstände	Art des Adverbs	Beispiele	Beispiel im Satz
der Zeit, Dauer, Häufigkeit: Wann? Wie lange? Wie oft?	Temporaladverb	*gestern, jetzt, abends, häufig, immer, danach, bald, nun, manchmal*	Die Kinder müssen **oft** im Haushalt oder im Garten helfen.
des Ortes: Wo? Wohin? Woher?	Lokaladverb	*dort, vorne, daneben, hier, drinnen, da, überall, hinten, nirgends*	Heute gibt es **draußen** viel zu tun.
der Art und Weise, der Intensität: Wie? Wie sehr?	Modaladverb	*gerne, anders, so, vergebens, zudem, mehr, genug, beinahe, ziemlich, bestimmt*	Das Gras ist **sehr** hoch und muss gemäht werden.
des Grundes: Warum?	Kausaladverb	*darum, daher, meinetwegen, anstandshalber, nämlich*	**Deshalb** holt Marco den Rasenmäher aus der Garage.

Kausaladverbien können nicht nur einen unmittelbaren Grund für etwas angeben, sondern auch die Ursache im weiteren Sinn sowie die Folge/das Ergebnis von etwas. Sie werden daher häufig noch weiter untergliedert:

- Kausaladverbien **der Folge** (konsekutives Adverb):
  also, folglich, somit, demnach

  Es beginnt zu regnen. **Also** kann Marco den Rasen jetzt nicht mähen.
- Kausaladverbien **des Mittels** (instrumentales Adverb):
  dadurch, damit

  Papa holt die Gartenschere. **Damit** will er die Hecke schneiden.

- Kausaladverbien **der Bedingung, des möglichen Grundes** (konditionales Adverb):
  notfalls, sonst, schlimmstenfalls

  Marco muss ihm helfen. **Sonst** (= wenn Marco ihm nicht hilft) schafft er es heute nicht.
- Kausaladverbien **des wirkungslosen Grundes** (konzessives Adverb):
  trotzdem, dennoch

  Es regnet jetzt ziemlich heftig. **Trotzdem** (d. h., der Regen ist nicht Grund genug, die Arbeit abzubrechen, und somit als Grund wirkungslos) arbeiten die beiden weiter.
- Kausaladverbien **des Zweckes, der Absicht** (finales Adverb):
  dazu, darum, hierfür

  Mama will Rosen abschneiden. **Dazu** trägt sie Handschuhe, denn die Rosen haben spitze Dornen.

Die meisten Präpositionalgefüge können durch ein Wort ersetzt werden (Ersatzprobe):

Das Werkzeug ist **im Schuppen**. → Das Werkzeug ist **darin**.
Mama arbeitet **an den Rosenbeeten**. → Mama arbeitet **daran**.
Zu diesem Zweck trägt sie Handschuhe. → **Dazu** trägt sie Handschuhe.
Die Kinder beschäftigen sich **mit einem Spiel**. → Die Kinder beschäftigen sich **damit**.

Diese Wörter werden **Pronominaladverbien** genannt, da sie wie ein Pronomen als Stellvertreter für etwas stehen können (hier immer eine Wortgruppe).
Sie bestehen aus

- *da(r)* + Präposition *(damit, dafür, darauf, darüber ...)* oder
- *hier* + Präposition *(hiervon, hierbei ...)* oder
- *wo(r)* + Präposition *(wobei, woran, wogegen ...)*.

Wie verwendet man ein Adverb?

Der Name „Adverb“ (dt.: zum Verb gehörig) zeigt, dass es bei einem Verb stehen und dies näher kennzeichnen kann:

Ich arbeite **gern** im Garten.

Laila pflückt **nachmittags** alle reifen Himbeeren ab.

Adverbien können aber auch bei einem Nomen, bei einem Adjektiv oder bei einem anderen Adverb stehen. Sie sind in dieser Funktion keine eigenständigen Satzglieder, sondern Teile von Satzgliedern:

Der Regen **gestern**	war	gut für die Gemüsebeete.
Temporaladverb als Teil des Subjekts	Prädikat	

Die Rosen **dort**	blühen	besonders schön.
Lokaladverb als Teil des Subjekts	Prädikat	

Das Gras	ist	**sehr** hoch.
	Prädikat	Modaladverb als Teil des Prädikativs

Das Werkzeug **dafür**	ist	in der Garage.
finales Adverb als Teil des Subjekts	Prädikat	

Beinahe immer	mäht	er.
Modaladverb als Teil der adverbialen Bestimmung	Prädikat	

Adverbien können auch als eigenständige Satzglieder die Funktion von adverbialen Bestimmungen erfüllen:

Die Kinder müssen **oft** (adverbiale Bestimmung der Zeit) im Haushalt oder im Garten helfen.

Deshalb (adverbiale Bestimmung des Grundes) holt Marco den Rasenmäher aus der Garage.

↗ Kapitel 10: Satzglieder (Adverbiale Bestimmung) und ↗ Kapitel 11: Attribute

Interrogativadverb

Fragewörter, mit denen man nach adverbialen Bestimmungen fragt, nennt man Interrogativadverbien: *wo, woher, wohin, wann, wie, warum, weshalb, wozu ...* Sie stehen immer am Anfang des Fragesatzes:

Satz mit adverbialer Bestimmung	Frage mit Interrogativadverb
Heute gibt es **draußen** viel zu tun.	**Wo** gibt es heute viel zu tun?
Die ganze Familie geht **in den Garten**.	**Wohin** geht die ganze Familie?
Während der Gartenarbeit tragen alle Gummistiefel.	**Wann** tragen alle Gummistiefel?
Jana spritzt ihre Schwester **mit dem Gartenschlauch** nass.	**Womit** spritzt Jana ihre Schwester nass?
Ina kreischt **vor Schreck**.	**Weshalb** kreischt Ina?

Die Interrogativadverbien können auch am Anfang eines indirekten Fragesatzes stehen:

Wo gibt es heute viel zu tun? – Die Frage ist, **wo** es heute viel zu tun gibt.
Wohin sind alle gegangen? – Ich weiß nicht, **wohin** alle gegangen sind.
Warum kreischt die Kleine so? – Man fragt sich wirklich, **warum** die Kleine so kreischt.

Die Wörter *wo, wohin, woher, wie, warum, weshalb, wozu, wofür ...* können (mit der Ausnahme von *wann*) auch Relativsätze einleiten: Sie beziehen sich dann direkt auf ein Wort oder eine Wortgruppe, die vorher genannt wurden. In dieser Funktion heißen sie **Relativadverbien** und ersetzen eine Präposition und ein Relativpronomen:

Ich zeige dir **die Stelle**, **wo** (= an der) du umgraben musst.
Den Grund, **weshalb** (= aus welchem) sie so kreischt, kenne ich nicht.
Die Art, wie (= in der) sie ihre Blumenbeete anordnet, ist hübsch.

Das Bezugswort bildet zusammen mit dem Relativsatz ein Satzglied:
Wen oder was zeige ich dir? → Akkusativobjekt:
die Stelle, wo du umgraben musst
Wer oder was ist hübsch? → Subjekt:
die Art, wie sie ihre Blumenbeete anordnet.

7 Konjunktion

Was ist eine Konjunktion?

Eine Konjunktion wird auch als **Bindewort** bezeichnet, da sie Wörter, Wortgruppen oder Sätze verbindet:

Wörter:	Häuser **und** Brücken **und** Gärten
Wortgruppen:	große Häuser **und** ganz neue Brücken **und** viele schöne Gärten
Sätze:	Ein Architekt plant Häuser **und** er entwirft Brücken **und** manchmal zeichnet er auch Pläne für Gärten.

Welche Arten von Konjunktionen gibt es?

Man kann die Konjunktionen in zwei Gruppen einteilen: Die **nebenordnenden** Konjunktionen verbinden gleichwertige Elemente im Satz, die **unterordnenden** Konjunktionen verbinden einen (übergeordneten) Hauptsatz mit einem (untergeordneten) Nebensatz.

Nebenordnende Konjunktionen

Es gibt wenige nebenordnende Konjunktionen, aber sie werden sehr häufig verwendet. Dazu gehören *und, oder, aber, doch, sondern, denn.*
Mit nebenordnenden Konjunktion wie *und* und *oder* kann man **gleichartige** Elemente aneinanderreihen, sodass sie im Satz zusammen eine bestimmte Funktion übernehmen.

Subjekt	Prädikat	Akkusativobjekt
Der Architekt	plant	Häuser.
Der Architekt	plant **und** entwirft	Häuser.
Der Architekt	plant	Häuser **oder** Brücken.
Der Architekt **und** der Zeichner	entwerfen	Häuser.

Mit der nebenordnenden Konjunktion wird hier also ein bestehendes Satzglied erweitert, es kommt zum Satz kein neues Satzglied dazu.

Man kann auch Satzgliedteile wie Attribute oder Demonstrativbegleiter mit diesen Konjunktionen verknüpfen:

Der Architekt entwirft ein **großes und modernes** Haus.

Der Architekt entwirft **dieses und jenes** Haus.

Nebenordnende Konjunktionen können auch Hauptsätze verbinden:

Eine Architektin plant Häuser. Ein Modedesigner entwirft Kleidung.

Eine Architektin plant Häuser **und** ein Modedesigner entwirft Kleidung.

An der Reihenfolge der einzelnen Satzglieder ändert sich bei dieser Verknüpfung in beiden Sätzen nichts, die Konjunktion „ersetzt" nur den Punkt.
Auf ähnliche Weise kann man Nebensätze der gleichen Sorte verbinden. Auch dabei ändert sich die Struktur der einzelnen Teilsätze nicht:

Fabio möchte Journalist werden, **weil er gerne schreibt**. (1. Nebensatz)

Fabio möchte Journalist werden, **weil er sich für Politik interessiert**. (2. Nebensatz)

Fabio möchte Journalist werden, weil er gerne schreibt **und** weil er sich für Politik interessiert.

Nebenordnende Konjunktionen drücken verschiedene Bedeutungen aus. Man kann sie in folgende Gruppen unterteilen:

Kopulative Konjunktionen

Sie drücken Verbindung oder Aneinanderreihung aus.

und, sowie, sowohl ... als auch, weder ... noch

Radjas Vater arbeitet als Arzt **sowohl** in seiner eigenen Praxis **als auch** im Krankenhaus.

Adversative Konjunktionen

Sie drücken einen Gegensatz aus.

aber, doch, jedoch, sondern

Die Arbeit im Krankenhaus ist interessant, **aber** auch sehr anstrengend.

Kausale Konjunktion

Sie gibt einen Grund, eine Ursache für etwas an.

denn

Er kommt oft spät nach Hause, **denn** er hat viel zu tun.

Mit der kausalen Konjunktion *denn* können nur Sätze verbunden werden, keine Wörter oder Wortgruppen.

Unterordnende Konjunktionen

Unterordnende Konjunktionen verknüpfen Hauptsätze und Nebensätze miteinander.

Es gibt neutrale Konjunktionen, die keine eigene Bedeutung haben und nur eine grammatikalische Funktion erfüllen, nämlich einen Nebensatz an den Hauptsatz anzuschließen. Diese sind die Konjunktionen *dass* und *ob:*

Julia weiß, **dass** ihr Vater viel arbeiten muss.

Dass er selten Zeit für seine Familie hat, missfällt ihm.

Sie fragt ihn, **ob** er am Samstag frei haben wird.

Ob er den Ausflug am Samstag mitmachen kann, das weiß er noch nicht.

Daneben gibt es unterordnende Konjunktionen, die man nach ihrer Bedeutung unterscheiden kann, denn sie schaffen ein bestimmtes inhaltliches Verhältnis zwischen Haupt- und Nebensatz.

Inhalt des Nebensatzes	Art der Konjunktion	Beispiele	Beispielsatz
Zeitangabe	temporal	*als, bevor, bis, ehe, nachdem, seit, sobald, während*	**Als** Max ein kleiner Junge war, träumte er von einer Karriere als Fußballstar. Das wurde anders, **nachdem** er sich verletzt hatte.
Begründung	kausal	*da, weil*	Heute möchte Max Journalist werden, **weil** er gerne schreibt.
Mittel	modal	*indem*	Julia verbessert ihr Spanisch, **indem** sie Briefe an eine spanische Freundin schreibt.
Bedingung	konditional	*falls, sofern, wenn*	**Falls** es dich interessiert, kannst du ein Praktikum bei der Zeitung machen.

Inhalt des Nebensatzes	Art der Konjunktion	Beispiele	Beispielsatz
Folge	konsekutiv	*sodass*	Max macht ein Praktikum, **sodass** er Erfahrungen für seinen Traumberuf sammeln kann.
unwirksamer Grund, Einräumung	konzessiv	*obgleich, obschon, obwohl*	**Obwohl** es viele Bewerber gab, bekam Max die Stelle.
Zweck, Absicht	final	*damit, dass*	Paula trainiert hart, **damit** sie als Sportlerin erfolgreich ist.
Gegensatz	adversativ	*während, wohingegen*	Max möchte Journalist werden, **wohingegen** sein Bruder Robert eher an Technik interessiert ist.
Einschränkung	restriktiv	*außer wenn, insofern (als), nur dass, sofern, soviel, soweit*	**Soweit** es ihre Zeit zulässt, möchte Paula Leistungssport betreiben.
Vergleich		*als, als dass, als ob, wie*	Das ist schwieriger, **als** sie sich das vorgestellt hatte. **Wie** ihr Trainer immer sagt, braucht man dafür auch ein bisschen Glück.

Die Konjunktion *wenn* kann eine temporale oder eine konditionale Bedeutung haben. Es ist wichtig, bei der Bestimmung den Textzusammenhang zu berücksichtigen. Dennoch wird die genaue Bedeutung manchmal nicht klar:

Wenn du mich besuchst, zeige ich dir unsere Urlaubsfotos.

Das kann eine konditionale Konjunktion sein, die wie *falls* eine Möglichkeit ausdrückt, aber auch eine temporale, im Sinne von „dann, wenn“.

An *denn* und *weil* kann man gut den Unterschied zwischen unterordnenden und nebenordnenden Konjunktionen erkennen.
Verbindet man zwei Sätze mit *denn,* bleibt die Struktur der Sätze erhalten: Es handelt sich weiterhin um zwei Hauptsätze.
Verwendet man zur Verknüpfung *weil,* muss man den Satz, der die Begründung enthält, in einen Nebensatz umformen, d. h., das gebeugte Verb wird ans Satzende verschoben:

Sandra lernt Spanisch.		Sie will Übersetzerin werden.
Sandra lernt Spanisch,	**denn**	sie will Übersetzerin werden.
Sandra lernt Spanisch,	**weil**	sie Übersetzerin werden will.

Bei der Satzgliedanalyse muss man darauf achten, ob eine Konjunktion Teil eines Satzglieds ist oder als Satzverbindung dient.

Sandra lernt Spanisch und Russisch. (Konjunktion „und" ist Teil eines Satzglieds, hier: Teil des Akkusativobjekts „Spanisch und Russisch")

Sandra mag Sprachen.			
Aber	sie	findet	auch Physik interessant.
Konjunktion „aber" ist Satzverknüpfung	1. Satzglied (Subjekt)	2. Satzglied (Prädikat)	Rest des Satzes

Wie kann man Präposition, Adverb und Konjunktion unterscheiden?

Manchmal gibt es Schwierigkeiten bei der Wortartbestimmung. Die folgenden Tipps sollen dir dabei helfen, Präpositionen, Adverbien und Konjunktionen voneinander zu unterscheiden.

Die meisten **Adverbien** kann man weglassen, ohne dass der Satz seinen Sinn verliert:

Die Kinder müssen **oft** im Haushalt oder im Garten helfen. (mit Adverb)
Die Kinder müssen im Haushalt oder im Garten helfen. (ohne Adverb)

Das Gras ist **sehr** hoch und muss gemäht werden. (mit Adverb)
Das Gras ist hoch und muss gemäht werden. (ohne Adverb)

Manchmal muss man dabei die Satzglieder umstellen:

Deshalb holt Marco den Rasenmäher aus der Garage. (mit Adverb)
Marco holt den Rasenmäher aus der Garage. (ohne Adverb)

Präpositionen und **Konjunktionen** kann man nicht einfach streichen. Wenn man sie weglässt, ergeben sich falsche Sätze, die man auch durch eine Umstellung der Satzglieder nicht korrigieren kann.

Das Hallenbad ist **während** der Sommerferien geschlossen.
(mit Präposition)
Das Hallenbad ist der Sommerferien geschlossen.
(ohne Präposition, hier stimmt der Satz nicht mehr)

Die Mehrheit der Klasse ist **für** den Ausflug, nur wenige sind **gegen** die Idee. (mit Präpositionen)
Die Mehrheit der Klasse ist den Ausflug, nur wenige sind die Idee.
(ohne Präposition, hier stimmt der Satz nicht mehr)

Der Architekt plant **und** entwirft Häuser.
(mit Konjunktion)
Der Architekt plant entwirft Häuser.
(ohne Konjunktion, der Satz stimmt nicht mehr)

Das wurde anders, **nachdem** er sich verletzt hatte.
(mit Konjunktion)
Das wurde anders, er sich verletzt hatte.
(ohne Konjunktion, der Satz stimmt nicht mehr)

Noch ein Tipp zur Erkennung:
Ein **Adverb** kann für sich allein ein Satzglied sein.

Heute gibt es viel zu tun.

Eine Präposition oder eine Konjunktion können für sich allein kein Satzglied sein.

Im Garten gibt es viel zu tun.
(Falsch: Im gibt es viel zu tun.)
Weil es lange nicht geregnet hat, holt Miriam die Gießkanne.
(Falsch: Weil holt Miriam die Gießkanne.)

Adverbien kann man in einem Satz meistens verschieben.

Damit schneidet er die Hecke.
Er schneidet **damit** die Hecke.
Die Hecke schneidet er **damit**.

Konjunktionen kann man nicht verschieben.

Denn er hat viel Arbeit.
Er hat **denn** viel Arbeit. (kein richtiger Satz)
Viel Arbeit hat er **denn**. (kein richtiger Satz)

8 Verb

Was ist ein Verb?

Verben sind Wörter, die Tätigkeiten/Handlungen, Vorgänge und Zustände ausdrücken:

Handlung: Elisabeth **gähnt**. Sie **kriecht** unter ihre Bettdecke. Gleich muss sie **aufstehen** und sich **anziehen**.

Vorgang: Draußen **wird** es langsam hell. Die Sonne **geht auf**.

Zustand: Es **ist** kalt und ungemütlich. Elisabeth **liegt** immer noch im Bett.

Fast jeder Satz hat ein Verb, sonst wirkt er nicht vollständig. Man versteht einen solchen unvollständigen Satz nur, indem man beim Lesen oder Hören mindestens ein Verb mitdenkt:

Nur noch fünf Minuten! = Ich **möchte** nur noch fünf Minuten schlafen.

Keine Ahnung! = Ich **habe** keine Ahnung.

Einige Verben haben eine Vorsilbe. Wenn dieser Verbzusatz betont wird, kann man ihn abtrennen. Dann kann das Verb im Satz in zwei Teile zerlegt werden. Man spricht dann davon, dass das Verb und die Vorsilbe eine Klammer (um andere Satzteile) bilden. Wenn die Vorsilbe nicht abtrennbar ist, wird das Verb nicht zerlegt.

Verben mit abtrennbarer Vorsilbe:

__auf__gehen, __auf__stehen, __an__ziehen, __um__fallen, __um__ziehen, __unter__gehen, __vor__legen, __vor__stellen, __wieder__sehen ...

Sie **stand** widerwillig **auf** und **zog** ihren warmen Pullover **an**.

Die Sonne **geht** im Westen **unter**.

Verben mit nicht abtrennbarer Vorsilbe:

__über__legen, __über__setzen, __unter__richten ...

Mein Vater **unter**richtet an einer Grundschule.

Sie **über**legte lange, bevor sie den Satz **über**setzte.

Infinitiv, Personalform und Partizip

Verben haben eine Grundform, den **Infinitiv.** Der Infinitiv hat immer die Endung *-en* oder *-n:*

gähnen, kriechen, aufstehen, anziehen, werden, aufgehen, liegen ...
sein, ändern, klingeln ...

> Der Infinitiv eines Verbs kann einen Artikel bekommen und dann wie ein Nomen verwendet werden. Oft steht der nominalisierte Infinitiv nach einer Präposition:
>
> **Das Aufstehen** fällt vielen Leuten schwer.
> **Mit dem** frühen **Aufstehen** habe ich immer wieder Probleme.
> **Beim Duschen** schlafe ich meistens noch halb.

Trennt man von einem Verb eine eventuell vorhandene Vorsilbe und die Endung für den Infinitiv ab, erhält man den sogenannten **Wortstamm,** der für die Bildung von verschiedenen Verbformen benötigt wird:

Vorsilbe	Wortstamm	Endung
	gähn	*en*
	klingel	*n*
	lieg	*en*
auf	*steh*	*en*
an	*zieh*	*en*
ver	*lass*	*en*

Wenn man das Verb nur im Infinitiv sieht, kann man nichts darüber aussagen, wer etwas tut oder wann etwas geschieht. Nur an der gebeugten Form des Verbs (und zwar an der Endung) kann man Verschiedenes erkennen:

- Wer tut etwas?
- Wie viele tun etwas?
- Wann wird etwas getan?

Für die Zeitform Präsens (Gegenwart) sehen diese Endungen des Verbs meistens so aus:

	Singular			Plural		
	1. Person	2. Person	3. Person	1. Person	2. Person	3. Person
Personalendung (Präsens)	*-e*	*-st*	*-t*	*-en*	*-t*	*-en*
Beispiel	*ich gähne*	*du gähnst*	*er gähnt*	*wir gähnen*	*ihr gähnt*	*sie gähnen*

Der Tabelle kann man entnehmen, dass ein Verb mit der Endung *-st* in jedem Fall 2. Person Singular sein muss, da diese Endung sonst nicht vorkommt.
Man nennt die Form, die nach Tempus, Person und Numerus bestimmt ist, auch **Personalform** oder **finite** (bestimmte) Form. Wenn man ein Verb beugt, also in verschiedene Personen und Numeri setzt, spricht man von der **Konjugation** (Verb: konjugieren).

! Der Infinitiv und die 1. und die 3. Person Plural Präsens haben die gleiche Form. Deshalb kann man ohne den dazugehörigen Satz nicht entscheiden, um welche Verbform es sich handelt:

Sie **schlafen** immer noch! (3. Person Plural)
Wie kann man nur so lange **schlafen**? (Infinitiv)
Wir **schlafen** am Wochenende immer lang. (1. Person Plural)

Neben dem Infinitiv gibt es noch weitere infinite (unbestimmte) Verbformen, die nichts über Person, Numerus usw. aussagen: die **Partizipien.**
Die deutsche Sprache hat das Partizip I (Partizip Präsens) und das Partizip II (Partizip Perfekt), die unterschiedlich gebildet werden und verschiedene Aufgaben haben. Das Partizip II wird weitaus häufiger benötigt als das Partizip I.

Partizip II/Partizip Perfekt:
Diese Formen braucht man, um verschiedene zusammengesetzte Zeiten bilden zu können und für die Bildung des Passivs. Auch als Adjektiv werden sie benutzt:

der **gedeckte** Frühstückstisch.

So wird das Partizip II gebildet:

- *ge* + Wortstamm + *t*
  gegähnt, gemacht
- Vorsilbe + *ge* + Wortstamm + *t*
  umgekippt, vorgestellt
- Vorsilbe + Wortstamm + *t*
  übersetzt, unterrichtet
- *ge* + Wortstamm + *en* (Bei einigen Verben verändert sich in der Partizipform der Vokal im Wortstamm: *kr**ie**chen – gekr**o**chen.*)
  geschlafen, gelaufen
- Vorsilbe + *ge* + Wortstamm + *en* (auch hier manchmal mit Vokalveränderung: *abfl**ie**gen – abgefl**o**gen*)
  angerufen, abgewaschen

Partizip I/Partizip Präsens

Es wird wie ein Adjektiv verwendet:

das **schlafende** Kind, der **singende** Vogel

Man bildet es, indem man an den Infinitiv einfach ein *d* anhängt:

schimpfend, gähnend, lachend, kochend

Beide Partizipien können auch in sogenannten ↗ Partizipialkonstruktionen (S. 116) verwendet werden.

Das Verb *werden* hat zwei verschiedene Formen für das Partizip II. Für das Vollverb ist *geworden* das Partizip II, für das Hilfsverb *worden:*

Er ist ärgerlich **geworden**.

Er ist geärgert **worden**.

↗ Vollverb und Hilfsverb, S. 53

Welche Arten von Verben gibt es?

Vollverben

Viele Verben können im Satz die Funktion des Prädikats allein, also „voll" übernehmen. Sie heißen deshalb Vollverben. Am besten sieht man das im Präsens und im Präteritum, denn außer dem jeweiligen Vollverb muss im Satz kein weiteres Verb vorkommen:

Elisabeths Eltern **sind** in der Küche.
Wie meistens **frühstücken** sie ohne ihre Tochter.
Gestern **kamen** die Großeltern zum Frühstück.
Sie **brachten** frische Brötchen mit.

Hilfsverben

Die Hilfsverben *haben, sein* und *werden* „helfen" den Vollverben dabei, das mehrteilige Prädikat eines Satzes zu bilden.
Ein zweiteiliges Prädikat setzt sich zusammen aus der Personalform des Hilfsverbs und dem Infinitiv oder dem Partizip II des Vollverbs:

	Personalform des Hilfsverbs	Infinitiv oder Partizip II des Vollverbs
ich	*habe*	*geschlafen*
er	*ist*	*aufgestanden*
wir	*werden*	*frühstücken*
du	*hattest*	*gegähnt*
ihr	*wart*	*gerannt*
sie	*werden*	*unterrichtet*

Manchmal braucht das Hilfsverb selbst noch ein weiteres Hilfsverb, um ein mehrteiliges Prädikat zu bilden.

ich	*werde*	*geschlafen*	*haben*
er	*war*	*geweckt*	*worden*
	1. Hilfsverb (Personalform)		2. Hilfsverb (Infinitiv/Partizip)

Die Hilfsverben *haben, sein* und *werden* können auch Vollverben mit einer eigenen Bedeutung sein.
Ob das der Fall ist, kann man leicht testen: Vollverben kann man durch ein anderes Verb mit gleicher oder ähnlicher Bedeutung ersetzen.

Elisabeth **hat** (= besitzt) einen neuen Wecker.
Die Eltern **sind** (= sitzen) in der Küche.
Elisabeth **wird wach** (= erwacht).

Bei Hilfsverben ist diese Ersetzung nicht möglich. Der Satz ergibt dann keinen Sinn mehr. Wenn man den Satz in ein einfaches Tempus umwandelt, entfällt das Hilfsverb ganz:

Elisabeth **hat** einen neuen Wecker **bekommen**.
Elisabeth **bekam** einen neuen Wecker.

Die Eltern **sind** zum Bäcker **gelaufen**.
Die Eltern **liefen** zum Bäcker.

Elisabeth **wird aufwachen**.
Elisabeth **wacht auf**.

Modalverben

Die Verben *dürfen, können, mögen, müssen, sollen, wollen* sind besondere Hilfsverben: Sie bilden zusammen mit dem Infinitiv eines Vollverbs das Prädikat, aber sie haben eine eigene Bedeutung. (Das ist bei *haben, sein, werden* nicht so.)

	darf		→ Erlaubnis
	darf nicht		→ Verbot
	kann		→ Möglichkeit, Fähigkeit
Elisabeth	*möchte*	*aufstehen.*	→ Wunsch
	muss		→ Verpflichtung
	soll		→ Notwendigkeit
	will		→ Absicht

Diese Verben verändern die Bedeutung einer Aussage: Es ist ja ein entscheidender Unterschied, ob Elisabeth aufstehen **will** oder aufstehen **muss,** es tun **darf** oder eben nicht.
Die Verben dieser Gruppe heißen **Modalverben,** da sie die Umstände einer Handlung modifizieren, d. h. abwandeln. Sie zeigen, ob etwas erlaubt, gewünscht, möglich oder gefordert ist.

Die meisten Modalverben können auch wie ein Vollverb, also ohne weiteren Infinitiv, verwendet werden:

Ich **kann** Englisch (sprechen).
Er **will** ein Eis (haben).
Du **musst** jetzt nach Hause (gehen).

Anders ist es bei den Verben *wissen* und *(nicht) brauchen.* Sie werden wegen ihrer Bedeutung oft auch zu den Modalverben gezählt. Sie drücken Fähigkeiten oder Notwendigkeiten aus. Bei ihnen wird der Infinitiv des Vollverbs mit der Partikel *zu* angeschlossen.

Sie **weiß** sich **zu helfen**.
Wir **brauchen** uns nicht **zu beeilen**.

Regelmäßige und unregelmäßige Verben

In zahlreichen Verben ändert sich der Wortstamm, wenn man das Verb ins Präteritum setzt. Man spricht dann von starken (oder unregelmäßigen) Verben. Die regelmäßigen Verben heißen auch schwache Verben.

	schwache Verben (= regelmäßige Verben)	starke Verben (= unregelmäßige Verben)
Infinitiv	*gähnen, kochen, lachen, putzen, suchen, umdrehen …*	*aufstehen, finden, liegen, rufen, schlafen, trinken, ziehen …*
Präteritum	ohne Vokalveränderung im Wortstamm *gähnte, kochte, lachte, putzte, suchte, drehte um …*	mit (Vokal-)Veränderung im Wortstamm *stand auf, fand, lag, rief, schlief, trank, zog …*
Partizip II	endet auf *-t* *gegähnt, gekocht, gelacht, geputzt, gesucht, umgedreht …*	manchmal mit Vokalveränderung im Wortstamm; endet auf *-en* *aufgestanden, gefunden, gelegen, gerufen, geschlafen, getrunken, gezogen …*

Bei der Frage, ob ein Verb regelmäßig oder unregelmäßig ist, hilft der Infinitiv allein nicht weiter. Um alle möglichen Veränderungen des Stammvokals zu sehen, muss man die **Stammformen** eines Verbs kennen. Mithilfe der Stammformen kann man ein Verb in allen Tempora korrekt konjugieren:

	Stammformen		
Infinitiv	3. Person Singular Präsens	1. oder 3. Person Singular Präteritum	Partizip II
gähnen	*(er) gähnt*	*(ich/er) gähnte*	*gegähnt*
suchen	*sucht*	*suchte*	*gesucht*
rennen	*rennt*	*rannte*	*gerannt*
trinken	*trinkt*	*trank*	*getrunken*
fliegen	*fliegt*	*flog*	*geflogen*
dürfen	*darf*	*durfte*	*gedurft*

Transitive und intransitive Verben

Manche Verben können allein mit dem Subjekt zusammen einen vollständigen Satz bilden:

Ich gähne.
Er steht auf.
Ihr lacht.

Andere Verben dagegen brauchen weitere Satzglieder, damit ein vollständiger Satz entsteht. Die Verben in diesen Sätzen brauchen alle mindestens ein Akkusativobjekt:

Ich ziehe **meinen Anorak** an. (nicht: *Ich ziehe an.*)
Sie hört **den Wecker**. (nicht: *Sie hört.*)
Wir sehen **die Sonne**. (nicht: *Wir sehen.*)
Die Eltern geben ihrer Tochter samstags immer **das Taschengeld**.
(nicht: *Die Eltern geben ihrer Tochter samstags immer.*)

Verben, die kein Akkusativobjekt bei sich haben können, heißen **intransitive Verben.** Man kann sie nicht im Passiv verwenden. Ein Satz wie *„Ich werde gegähnt."* klingt lustig, ist aber grammatikalisch nicht korrekt.

Diejenigen Verben, die ein Akkusativobjekt haben, sind die **transitiven Verben.** Sie können ins Passiv gesetzt werden (↗ Seite 70 zum Passiv):

Der Anorak **wird** oft **angezogen**.

Das Taschengeld **wird** der Tochter immer samstags **gegeben**.

Die transitiven Verben bilden wiederum mehrere Gruppen:

Verben mit Akkusativobjekt (in den Beispielen unterstrichen):

etwas sehen, etwas hören, etwas tun, etwas schreiben, etwas bekommen ...

jemanden anrufen, jemanden loben, jemanden kennen, jemanden besuchen ...

Elisabeth **macht** heute das Frühstück. Im Augenblick **sucht** sie die Kaffeefilter.

Wenn alles fertig ist, **holt** sie ihre Eltern.

Verben mit Dativobjekt (in den Beispielen mit gepunkteter Linie) **und Akkusativobjekt** (unterstrichen):

jemandem etwas geben, jemandem etwas wegnehmen, jemandem etwas schenken, jemandem etwas zeigen ...

Elisabeth gibt ihrer Mutter den Zucker. Sie bietet ihr auch Kaffee an.

Verben mit Akkusativobjekt (unterstrichen) und **weiterem Satzglied** (geschlängelte Linie):

Genitivobjekt: *jemanden einer Sache beschuldigen/verdächtigen/berauben ...*

Ihr Bruder beschuldigt Elisabeth der Faulheit.

adverbiale Bestimmung des Ortes: *etwas an einen Ort legen/stellen/bringen/tragen ...*

Das Mädchen stellt das Geschirr auf den Tisch.

Präpositionalobjekt: *jemanden um etwas bitten, jemanden an etwas erinnern ...*

Sie bittet ihre Mutter um etwas Geduld.

i

Manche Verben brauchen neben dem Subjekt auch noch ein Dativobjekt, damit der Satz vollständig ist:

Elisabeth hilft **ihrer Mutter**. (nicht: *Elisabeth hilft.*)

Andere Verben kommen nicht ohne adverbiale Bestimmung des Ortes aus:

Die Familie wohnt **in einem kleinen Dorf**. (nicht: *Die Familie wohnt.*)

Reflexive Verben

Als reflexiv bezeichnet man diejenigen Verben, die ein Reflexivpronomen als Bestandteil des Satzes notwendig machen:

Wir freuen **uns**. (nicht: *Wir freuen.*)
Er schämte **sich**. (nicht: *Er schämte.*)
Sie ärgerten **sich**. (nicht: *Sie ärgerten.*)

Das Reflexivpronomen ist daher fester Bestandteil des Verbs und wird beim Infinitiv immer mit angegeben:
sich schämen, sich freuen, sich ärgern, sich beteiligen, sich anstrengen, sich konzentrieren, sich setzen, sich gedulden ...

Wie werden die verschiedenen Zeiten gebildet und verwendet?

Um über Geschehnisse, Handlungen und Zustände in der Gegenwart, der Vergangenheit und der Zukunft sprechen zu können, kann man Verben in verschiedene Zeiten setzen: die **Tempora** (Singular: das Tempus).
Man kann die Tempora den einzelnen Zeitstufen folgendermaßen zuordnen:

Gegenwart
Präsens – Sie sucht.

Vergangenheit
Präteritum – Sie suchte.
Perfekt – Sie hat gesucht.
Plusquamperfekt – Sie hatte gesucht.

Zukunft
Futur I – Sie wird suchen.
Futur II – Sie wird gesucht haben.

Das Präsens

Das Präsens ist eines der einfachen Tempora: Es ist nur eine Verbform notwendig, ein Hilfsverb wird zur Bildung des Präsens nicht gebraucht.

Wie wird das Präsens gebildet?

Die Formen des Präsens werden gebildet aus dem Wortstamm und der jeweiligen Personalendung. Den Wortstamm erhält man, indem man vom Infinitiv die Endung *-(e)n* wegstreicht:

	Singular			Plural		
Personalendung Präsens	1. Person	2. Person	3. Person	1. Person	2. Person	3. Person
	-e	*-st*	*-t*	*-en*	*-t*	*-en*
Wortstamm + Personalendung						
suchen (such-)	*ich suche*	*du suchst*	*er sucht*	*wir suchen*	*ihr sucht*	*sie suchen*

In der 2. Person Singular entfällt in der Endung das *s,* wenn der Wortstamm bereits auf *s* oder *z* endet:

sitzen → Wortstamm *sitz-:* Du **sitzt** auf meinem Stuhl.
passen → Wortstamm *pass-:* Du **passt** nicht auf!

Hört der Wortstamm mit *t* oder *d* auf, wird vor der Personalendung der 2. Person Singular und Plural sowie der 3. Person Singular noch ein *e* eingeschoben:

du findest – ihr findet – sie findet

Bei einigen (starken) Verben gibt es in den Formen der 2. und 3. Person Singular einen **Vokalwechsel** im Wortstamm. Beispiele dafür sind *lesen, schlafen, essen:*

ich l**e**se – du l**ie**st – er l**ie**st
ich schl**a**fe – du schl**ä**fst – er schl**ä**ft
ich **e**sse – du **i**sst – sie **i**sst

Mehrere Hilfsverben und Modalverben haben unregelmäßige Präsensformen:

	Singular		
	1. Person	2. Person	3. Person
sein	*ich bin*	*du bist*	*er ist*
haben	*ich habe*	*du hast*	*er hat*
werden	*ich werde*	*du wirst*	*er wird*
können	*ich kann*	*du kannst*	*er kann*
wollen	*ich will*	*du willst*	*er will*
müssen	*ich muss*	*du musst*	*er muss*
mögen	*ich mag*	*du magst*	*er mag*
dürfen	*ich darf*	*du darfst*	*er darf*

	Plural		
	1. Person	2. Person	3. Person
sein	*wir sind*	*ihr seid*	*sie sind*
haben	*wir haben*	*ihr habt*	*sie haben*
werden	*wir werden*	*ihr werdet*	*sie werden*
können	*wir können*	*ihr könnt*	*sie können*
wollen	*wir wollen*	*ihr wollt*	*sie wollen*
müssen	*wir müssen*	*ihr müsst*	*sie müssen*
mögen	*wir mögen*	*ihr mögt*	*sie mögen*
dürfen	*wir dürfen*	*ihr dürft*	*sie dürfen*

Wofür verwendet man das Präsens?

Vor allem verwendet man das Präsens, um über Sachverhalte zu sprechen, die in der Gegenwart liegen. Dabei kann der Begriff „Gegenwart" einen größeren Zeitraum umfassen als nur den Augenblick der Äußerung, z. B.: *heute, diese Woche, dieses Jahr:*

> Bastian **packt** gerade seine Tasche. Seine Mutter **macht** das Auto startklar und sein Vater **sucht** fieberhaft seine Sonnenbrille. Die Familie **fährt** in diesem Jahr in die Berge.

Auch für Handlungen und Geschehnisse, die regelmäßig wiederkehren, wird das Präsens verwendet:

> Es **ist** jedes Mal das gleiche Chaos: Alle **packen** und **schimpfen**.
> Oma **ruft** immer dann **an**, wenn niemand Zeit **hat**.
> Jedes Jahr **bekommen** wir im Juli unsere Zeugnisse.

Zudem ist das Präsens das Tempus für Sachverhalte, die immer und ohne zeitliche Begrenzung gültig sind:

> In Südeuropa **scheint** die Sonne häufiger als bei uns.
> Die Entfernung zwischen München und Rom **beträgt** über 1000 Kilometer.

Wenn aus den Zeitangaben in einem Satz oder Text klar hervorgeht, dass von der Zukunft die Rede ist, kann das Präsens auch verwendet werden, um Zukünftiges auszudrücken:

> Im nächsten Sommer **fahren** wir wieder ans Meer.
> Morgen **besucht** Michael seine Großeltern. Sie **holen** ihn am Bahnhof **ab**.

i

Das sogenannte „historische Präsens" wird für Ereignisse verwendet, die eindeutig in der Vergangenheit liegen, aber mit dem besonderen Tempusgebrauch dem Leser oder Zuhörer „präsent", d. h. gegenwärtig gemacht werden. Meistens geht aus Zeitangaben oder aus dem Zusammenhang hervor, dass von der Vergangenheit gesprochen wird. Zeitungstexte machen häufig vom „historischen Präsens" Gebrauch:

> 1945 **endet** der 2. Weltkrieg.
> Tausende **sterben** bei Erdbeben in der Südsee.

Manchmal findet man auch in Erzählungen das szenische Präsens, das an der spannendsten Stelle des Textes vorübergehend das Präteritum ablöst, um den Leser unmittelbar am Geschehen teilhaben zu lassen.

Das Präteritum

Das Präteritum – manchmal wird es auch **Imperfekt** genannt – benötigt wie das Präsens nur einteilige Verbformen. Ein Hilfsverb ist nicht notwendig.

Wie wird das Präteritum gebildet?

Bei regelmäßigen Verben wird an den Wortstamm ein *t* und die Personalendung für das Präteritum angehängt. Endet der Wortstamm bereits auf *d* oder *t,* wird noch ein *e* eingefügt:

	Singular			Plural		
Personalendung Präteritum	1. Person	2. Person	3. Person	1. Person	2. Person	3. Person
	-e	*-est*	*-e*	*-en*	*-et*	*-en*
Wortstamm + *t* + Personalendung						
gähnen (gähn-)	*ich gähnte*	*du gähntest*	*er gähnte*	*wir gähnten*	*ihr gähntet*	*sie gähnten*
Wortstamm + *et* + Personalendung						
melden (meld-)	*ich meldete*	*du meldetest*	*er meldete*	*wir meldeten*	*ihr meldetet*	*sie meldeten*

Einige Verben sind zwar regelmäßig und bilden das Präteritum wie oben beschrieben, sie weisen aber zusätzlich Veränderungen im Wortstamm auf:

rennen – ich rannte, du ranntest, er rannte, wir rannten, ihr ranntet, sie rannten

denken – ich dachte, du dachtest, er dachte, wir dachten, ihr dachtet, sie dachten

Daneben gibt es im Deutschen eine ganze Reihe unregelmäßiger Verben. Sie bilden das Präteritum mit einem eigenen Präteritumstamm, den man nicht ableiten kann, sondern kennen muss. Diesem Stamm werden Personalendungen für das Präteritum hinzugefügt, die sich von denen der regelmäßigen Verben zum Teil unterscheiden. Viele der sehr häufig verwendeten Verben sind unregelmäßig:

Präteritumstamm + Personalendung						
schlafen	*ich schlief*	*du schliefst*	*er schlief*	*wir schliefen*	*ihr schlieft*	*sie schliefen*
liegen	*ich lag*	*du lagst*	*er lag*	*wir lagen*	*ihr lagt*	*sie lagen*
nehmen	*ich nahm*	*du nahmst*	*er nahm*	*wir nahmen*	*ihr nahmt*	*sie nahmen*
ziehen	*ich zog*	*du zogst*	*er zog*	*wir zogen*	*ihr zogt*	*sie zogen*
gehen	*ich ging*	*du gingst*	*er ging*	*wir gingen*	*ihr gingt*	*sie gingen*
sein	*ich war*	*du warst*	*er war*	*wir waren*	*ihr wart*	*sie waren*

Endet der Präteritumstamm auf *t* oder *d,* wird in der 2. Person Singular und Plural vor der Endung noch ein *e* eingeschoben:

bitten	*ich bat*	*du batest*	*er bat*	*wir baten*	*ihr batet*	*sie baten*
leiden	*ich litt*	*du littest*	*er litt*	*wir litten*	*ihr littet*	*sie litten*
reiten	*ich ritt*	*du rittest*	*er ritt*	*wir ritten*	*ihr rittet*	*sie ritten*
werden	*ich wurde*	*du wurdest*	*er wurde*	*wir wurden*	*ihr wurdet*	*sie wurden*
haben	*ich hatte*	*du hattest*	*er hatte*	*wir hatten*	*ihr hattet*	*sie hatten*

Wofür verwendet man das Präteritum?

Mit dem Präteritum stellt man in der Vergangenheit liegende, abgeschlossene Ereignisse, Tätigkeiten, Vorgänge usw. dar. Um welchen Zeitpunkt in der Vergangenheit es sich handelt, geht aus den Zeitangaben im Satz oder Text hervor:

> Letztes Jahr **regnete** es den ganzen Sommer. Wir **waren** nicht ein einziges Mal im Schwimmbad. Meistens **blieben** wir zu Hause und **lasen** oder **spielten**.

> Vor der Grundschule **kam** es gestern beinahe zu einem schweren Unfall. Eine Autofahrerin **näherte** sich dem Zebrastreifen mit überhöhter Geschwindigkeit. Sie **konnte** nicht mehr rechtzeitig bremsen und das Fahrzeug **erfasste** einen 6-jährigen Jungen. Er **wurde** aber zum Glück nur leicht verletzt.

Daher wird das Präteritum auch oft als das Tempus der Erzählung oder des Berichts bezeichnet. In der gesprochenen Umgangssprache wird jedoch häufig statt des Präteritums das Perfekt verwendet (↗ Perfekt).

Das Perfekt

Das Perfekt gehört zu den zusammengesetzten Tempora: Ein Prädikat im Perfekt setzt sich aus mehreren Teilen, dem Vollverb und dem Hilfsverb, zusammen.

Wie wird das Perfekt gebildet?

Die meisten Verben bilden das Perfekt aus dem Präsens des Hilfverbs *haben* und dem Partizip II:

	Singular		
	ich	*du*	*er/sie/es*
Hilfsverb *haben* (Präsens)	*habe*	*hast*	*hat*
Vollverb Partizip II	*gesammelt*	*gebaut*	*geangelt*

	Plural		
	wir	*ihr*	*sie*
Hilfsverb *haben* (Präsens)	*haben*	*habt*	*haben*
Vollverb Partizip II	*gegessen*	*eingekauft*	*besichtigt*

Bei einer relativ kleinen Gruppe von (intransitiven) Verben wird das Hilfverb *sein* zur Bildung des Perfekts verwendet:

- Verben der Fortbewegung: *eilen, fahren, fliegen, gehen, hasten, klettern, kommen, laufen, reiten, rennen, schwimmen, sinken, steigen, stürzen ...*
- Verben der Zustandsänderung: *abfahren, ankommen, aufbrechen, aufstehen, aufwachen, wachsen, werden ...*
- Verben des Stillstands: *bleiben, sein*
- einige Vorgangsverben: *auffallen, gelingen, geschehen, passieren, zustoßen, wachsen, einschlafen ...*

Die Tabelle zeigt den Überblick über die Perfektbildung mit *sein:*

	Singular		
	ich	*du*	*er/sie/es*
Hilfsverb *sein* (Präsens)	*bin*	*bist*	*ist*
Vollverb Partizip II	*geschwommen* *aufgewacht*	*gelaufen* *gewesen*	*gerannt* *passiert*

	Plural		
	wir	*ihr*	*sie*
Hilfsverb *sein* (Präsens)	*sind*	*seid*	*sind*
Vollverb Partizip II	*abgefahren* *angekommen*	*geflogen* *gewachsen*	*aufgefallen* *geblieben*

Die Verben *liegen, sitzen, stehen* drücken zwar auch Stillstand aus, aber sie bilden das Perfekt meist mit *haben*.

Die Perfektbildung mit *sein* ist eine Variante, die vor allem in Süddeutschland gebräuchlich ist:

Sie **hat (ist)** den ganzen Nachmittag in der Sonne **gelegen**.
Raus mit euch! Ihr **habt (seid)** jetzt lange genug hier auf dem Sofa **gesessen**.
Die ganze Fahrt von Nürnberg nach München **habe (bin)** ich im Zug **gestanden**.

Wofür verwendet man das Perfekt?

Das Perfekt wird für abgeschlossene Handlungen in der Vergangenheit verwendet, wobei oft das Ergebnis dieser Handlung für die Gegenwart noch von Bedeutung ist:

Sie **hat** eine Reise **gebucht**. (Der Termin steht fest.)
Er **hat** seinen Koffer **gepackt**. (Alles ist im Koffer.)
Sie **sind abgereist**. (Sie sind nicht mehr hier.)
Ich **habe** die Urlaubsfotos **angeschaut**. (Ich kenne sie jetzt alle.)

Sätze im Perfekt können, müssen aber nicht durch Zeitangaben ergänzt werden:

Sie hat **gestern** eine Reise gebucht.

Heute Morgen hat er seinen Koffer gepackt.

Sie sind **vorhin** abgereist.

Ich habe die Urlaubsfotos **am Wochenende** angeschaut.

In der gesprochenen Umgangssprache ersetzt das Perfekt häufig einfach das Präteritum, ohne dass sich dadurch die Bedeutung des Satzes ändert.

Das Plusquamperfekt

Wie wird das Plusquamperfekt gebildet?

Die meisten Verben bilden das Plusquamperfekt aus dem Präteritum des Hilfsverbs *haben* und dem Partizip II:

	Singular		
	ich	*du*	*er/sie/es*
Hilfsverb *haben* (im Präteritum)	*hatte*	*hattest*	*hatte*
Vollverb Partizip II	*gefunden*	*gesehen*	*geschrieben*

	Plural		
	wir	*ihr*	*sie*
Hilfsverb *haben* (im Präteritum)	*hatten*	*hattet*	*hatten*
Vollverb Partizip II	*gemietet*	*kennengelernt*	*bestellt*

Diejenigen Verben, die im Perfekt das Hilfsverb *sein* benötigen, bilden auch das Plusquamperfekt mit *sein,* das im Präteritum steht:

	Singular		
	ich	*du*	*er/sie/es*
Hilfsverb *sein* (im Präteritum)	*war*	*warst*	*war*
Vollverb Partizip II	*geschlendert*	*gefallen*	*geschehen*

	Plural		
	wir	*ihr*	*sie*
Hilfsverb *sein* (im Präteritum)	*waren*	*wart*	*waren*
Vollverb Partizip II	*gewandert*	*gereist*	*gelungen*

Wofür verwendet man das Plusquamperfekt?

Im Deutschen nennt man das Plusquamperfekt oft „Vorvergangenheit“, womit man sagen will, dass etwas noch vor einem anderen Ereignis in der Vergangenheit liegt:

Ereignis in der Vergangenheit: Präteritum	Noch weiter zurückliegendes Ereignis: Plusquamperfekt
Gestern **fand** er eine seltene Muschel.	Er **hatte** tagelang am Strand danach **gesucht**.
Sie **las** die Ansichtskarte,	die sie am Tag zuvor **erhalten hatte**.
Sie **suchten** das Restaurant,	in dem sie im letzten Jahr so gut **gegessen hatten**.
Gegen drei **ging** sie schwimmen.	Zuvor **war** sie mehrere Stunden durch die Dünen **gewandert**.
Kurz vor dem Ziel **fand** ich einen Sitzplatz.	Bis dahin **hatte** ich im Zug **gestanden**.

Das Futur I

Wie wird das Futur I gebildet?

Das Futur I setzt sich zusammen aus dem Hilfsverb *werden* im Präsens und dem Infinitiv des Vollverbs:

	Singular		
	ich	*du*	*er/sie/es*
Hilfsverb *werden* (im Präsens)	*werde*	*wirst*	*wird*
Vollverb Infinitiv	*spielen*	*lesen*	*reiten*

	Plural		
	wir	*ihr*	*sie*
Hilfsverb *werden* (im Präsens)	*werden*	*werdet*	*werden*
Vollverb Infinitiv	*fernsehen*	*klettern*	*einkaufen*

Wofür verwendet man das Futur I?

Mit dem Futur I kann man etwas Zukünftiges voraussagen oder etwas ankündigen:

Es **wird** gleich **regnen**.

Zieh dir etwas über, du **wirst** dich **erkälten**!

Wir **werden** morgen auf den höchsten Berg der Insel **klettern**.

Heute Abend **werde** ich Fisch **essen**.

Man kann mit dem Futur I auch eine Vermutung zum Ausdruck bringen, welche die Gegenwart betrifft:

Tom ist nicht hier. Er **wird** wohl noch **schlafen**.

Das Telefon klingelt! Das **wird** Papa **sein**.

Das Futur II

Wie wird das Futur II gebildet?

Für das Futur II benötigt man neben dem Partizip II des Vollverbs noch zwei Hilfsverben: *werden* im Präsens und den Infinitiv von *haben:*

	Singular		
	ich	*du*	*er/sie/es*
Hilfsverb *werden* (Präsens)	*werde*	*wirst*	*wird*
Vollverb Partizip II	*gespielt*	*gelesen*	*gegessen*
Hilfsverb *haben* (Infinitiv)	*haben*	*haben*	*haben*

	Plural		
	wir	*ihr*	*sie*
Hilfsverb *werden* (Präsens)	*werden*	*werdet*	*werden*
Vollverb Partizip II	*ferngesehen*	*getanzt*	*eingekauft*
Hilfsverb *haben* (Infinitiv)	*haben*	*haben*	*haben*

Für Verben der Fortbewegung, der Zustandsänderung, des Stillstands oder des Vorgangs gilt auch im Futur II die Regel „*sein* statt *haben*“:

	Singular		
	ich	*du*	*er/sie/es*
Hilfsverb *werden* (Präsens)	*werde*	*wirst*	*wird*
Vollverb Partizip II	*gerannt*	*gewandert*	*passiert*
Hilfsverb *sein* (Infinitiv)	*sein*	*sein*	*sein*

	Plural		
	wir	*ihr*	*sie*
Hilfsverb *werden* (im Präsens)	*werden*	*werdet*	*werden*
Vollverb Partizip II	*geritten*	*geklettert*	*gesprungen*
Hilfsverb *sein* (Infinitiv)	*sein*	*sein*	*sein*

Wofür verwendet man das Futur II?

Mit dem Futur II kann man eine Vermutung oder Vorhersage darüber äußern, dass ein Geschehen zu einem bestimmten Zeitpunkt in der Zukunft bereits vorbei sein wird. Dieser Zeitpunkt muss im Satz oder Text deutlich gemacht werden:

jetzt: Präsens	später: Futur II
Er sammelt Muscheln.	Heute Abend **wird** er einen ganzen Eimer voll Muscheln **gesammelt haben**.

jetzt: Präsens	später: Futur II
Sie faulenzen viel.	Am Ende der Ferien **werden** sie sich gut **erholt haben**.
Ich wandere jeden Tag ein Stück.	In zwei Wochen **werde** ich um die ganze Insel **gewandert sein**.

Im täglichen Sprachgebrauch wird statt des Futur II häufig das Perfekt verwendet. Dann enthält der Satz oft ein Adverb, das die Vermutung zum Ausdruck bringt:

Heute Abend hat er **vermutlich** einen ganzen Eimer voll Muscheln gesammelt.
Am Ende der Ferien haben sie sich **wahrscheinlich** gut erholt.
In zwei Wochen bin ich **dann** um die ganze Insel gewandert.

Aktiv und Passiv

Manche Tätigkeiten und Handlungen kann man aus zwei verschiedenen Blickwinkeln betrachten. Man kann den Handelnden in den Mittelpunkt stellen und sagen, wer oder was etwas tut:

Eine Polizistin kontrolliert die Pässe.
Ein Gerät hat das Gepäck der Passagiere durchleuchtet.
Ein Sicherheitsbeamter durchsuchte einen Fluggast.

In solchen Sätzen, in denen jemand oder etwas aktiv ist, steht das Verb im **Aktiv.** Wenn man andererseits hervorheben möchte, dass mit einer Person oder einem Gegenstand etwas geschieht oder getan wird, kann man das Verb ins **Passiv** setzen:

Die Pässe werden kontrolliert.
Das Gepäck der Fluggäste ist durchleuchtet worden.
Ein Passagier wurde durchsucht.

Man spricht von den zwei **Handlungsarten** des Verbs oder von den **Handlungsrichtungen**. Einige Grammatiken verwenden für Aktiv und Passiv auch den Begriff **Modus verbi.**

Wofür verwendet man das Passiv?

Das Passiv wird im Deutschen weitaus seltener benutzt als das Aktiv. In folgenden Fällen ist das Passiv jedoch ausgesprochen nützlich und sinnvoll:

Man weiß nicht, wer etwas getan hat. Es ist unwichtig oder bereits bekannt, wer etwas getan hat, oder man möchte die Person, die etwas tut, nicht nennen:

> Mein Reisepass ist gestohlen worden!
> Unser Flug wurde im letzten Moment wegen der Wetterlage abgesagt.
> Du wirst sehen: Wir werden am Flughafen abgeholt werden.

Man möchte betonen, wer oder was von einem Geschehen betroffen ist, nicht, wer dafür verantwortlich ist:

> Bei einem Zwischenfall wurden mehrere Passagiere leicht verletzt.
> Zahlreichen Fluggästen wurden Koffer und Taschen entwendet.

Der Vorgang wird hervorgehoben, nicht der Handelnde:

> Alle Passagiere werden sorgfältig kontrolliert.
> Der Flughafen wurde nach dem Zwischenfall für mehrere Stunden gesperrt.

In nahezu jedem Satz im Passiv kann der Handelnde mit *von* hinzugefügt werden. Notwendig oder sinnvoll ist das aber nicht immer. Manchmal kann es sogar ungeschickt wirken; dann steht es in den Beispielsätzen in Klammern:

> Mein Reisepass ist **(von einem Dieb**) gestohlen worden!
> Unser Flug wurde **von der Flughafenleitung** wegen der Wetterlage abgesagt.
> Wir werden am Flughafen **(von jemandem)** abgeholt werden.
> Zahlreichen Fluggästen wurden **von Unbekannten** Koffer und Taschen entwendet.
> Alle Passagiere werden **von den Sicherheitsleuten** sorgfältig kontrolliert.
> Der Flughafen wurde nach einem Zwischenfall **von den Verantwortlichen** für mehrere Stunden gesperrt.

Wie wird das Passiv gebildet?

Eine Verbform im Passiv besteht aus der Personalform des Hilfsverbs *werden* (im jeweiligen Tempus) und dem Partizip II:

> Alle Passagiere **werden** sorgfältig **kontrolliert**.
> Unser Flug **wurde** im letzten Moment wegen der Wetterlage **abgesagt**.
> Mein Reisepass **ist gestohlen worden**!
> Wir **werden** am Flughafen **abgeholt werden**.

Überblick über die Formen des Passivs in den einzelnen Tempora:

	Singular		
	1. Person	2. Person	3. Person
	ich	*du*	*er/sie/es*
Präsens	*werde geliebt*	*wirst geweckt*	*wird gesehen*
Präteritum	*wurde geliebt*	*wurdest geweckt*	*wurde gesehen*
Perfekt	*bin geliebt worden*	*bist geweckt worden*	*ist gesehen worden*
Plusquamperfekt	*war geliebt worden*	*warst geweckt worden*	*war gesehen worden*
Futur I	*werde geliebt werden*	*wirst geweckt werden*	*wird gesehen werden*
Futur II	*werde geliebt worden sein*	*wirst geweckt worden sein*	*wird gesehen worden sein*

	Plural		
	1. Person	2. Person	3. Person
	wir	*ihr*	*sie*
Präsens	*werden gebeten*	*werdet besucht*	*werden eingeladen*
Präteritum	*wurden gebeten*	*wurdet besucht*	*wurden eingeladen*
Perfekt	*sind gebeten worden*	*seid besucht worden*	*sind eingeladen worden*
Plusquamperfekt	*waren gebeten worden*	*wart besucht worden*	*waren eingeladen worden*
Futur I	*werden gebeten werden*	*werdet besucht werden*	*werden eingeladen werden*
Futur II	*werden gebeten worden sein*	*werdet besucht worden sein*	*werden eingeladen worden sein*

Wenn man einen Satz aus dem Aktiv ins Passiv setzt, verändert sich die Wortstellung so:

Aktiv: Der Beamte kontrollierte uns.

Passiv: Wir wurden von dem Beamten kontrolliert.

Das Subjekt *(der Beamte)* wird zur adverbialen Bestimmung der Art und Weise *(von dem Beamten).*

Das Prädikat *(kontrollierte)* ändert die Form von 3. Pers. Sing. Präteritum Aktiv in 1. Pers. Plur. Präteritum Passiv *(wurden kontrolliert).*

Das Akkusativobjekt *(uns)* wird zum Subjekt *(wir).*

Andere Satzglieder bleiben in der Regel in ihrer Form erhalten:

Tante Karin hat uns **gestern am Flughafen** abgeholt.

Wir sind **gestern am Flughafen** von Tante Karin abgeholt worden.

! Verwechslungsgefahr besteht manchmal bei Futur I und Präsens Passiv. Man muss deshalb genau darauf achten, ob das Hilfsverb *werden* mit dem Infinitiv oder mit dem Partizip II zusammen das Prädikat bildet:

Er wird **packen**. → Infinitiv → Futur

Er (= der Koffer) wird **gepackt**. → Partizip II → Passiv

Oft wird das sogenannte **Zustandspassiv** als zweite Variante des Passivs angeführt. Es besteht aus einer Form von *sein* und dem Partizip II:

Der Koffer ist gepackt.

Genau genommen wurde in diesem Satz nur *worden* weggelassen, um das Ergebnis der Tätigkeit zu betonen. Folgender Satz ist also ebenfalls denkbar:

Der Koffer ist gepackt worden.

i Neben dem Passiv gibt es auch andere Möglichkeiten, etwas so zu formulieren, dass man den „Täter" nicht nennt. Mit folgenden Formulierungen kann man das Passiv vermeiden und einen Text abwechslungsreicher gestalten:

Man hat uns bestohlen.

(statt: *Wir wurden bestohlen.*)

Der Koffer ist abschließbar.

(statt: *Der Koffer kann abgeschlossen werden.*)

Das Schloss lässt sich nicht öffnen.

(statt: *Das Schloss kann nicht geöffnet werden.*)

Die Modi des Verbs: Indikativ, Imperativ, Konjunktiv

Das Verb ist ein sehr vielseitiges Wort. Der Sprecher kann es in verschiedene Tempora setzen, um ein Geschehen zeitlich zu kennzeichnen: Es ist ein Unterschied, ob etwas gerade passiert, bereits passiert ist oder bald passieren wird. Bei vielen Verben kann man mit der Wahl zwischen Aktiv und Passiv entweder den Handelnden, das Geschehen oder den Betroffenen betonen:

Petra füttert den Hund. – Der Hund wird gefüttert.

Daneben gibt es unterschiedliche Möglichkeiten für einen Sprecher, seiner Aussage eine bestimmte „Färbung" zu geben. Diese Möglichkeiten heißen mit dem Fachbegriff **Modi** (Singular: der **Modus,** dt.: Aussageweise).
Es gibt

- den Indikativ (Wirklichkeitsform),
- den Imperativ (Befehlsform) und
- den Konjunktiv (Möglichkeitsform).

Der Indikativ

Man wählt den Indikativ, wenn eine Aussage ganz eindeutig ist und wie eine Tatsache dargestellt werden soll. Der Indikativ ist der meistgebrauchte Modus.

Petra **geht** mit dem Hund Gassi.
Gestern **hat** das ihr Bruder **erledigt**.
Der Hund **heißt** Blacky, weil er schwarzes Fell **hat**.

Der Imperativ

Der Imperativ ist die **Befehlsform** des Verbs. Man kann sich mit einer Aufforderung an eine Person oder an mehrere Personen wenden. Daher gibt es den Imperativ im Singular und im Plural.

Geh bitte mit dem Hund Gassi!
Lauft nicht durch die nasse Wiese!

Der Imperativ wird folgendermaßen gebildet:

	Imperativ Singular	Imperativ Plural
Bildung	3. Person Singular Präsens ohne Personalendung (und ohne Umlaut): *er geht → geh!* *sie nimmt → nimm!* *sie schläft → schlaf!*	Form der 2. Person Plural Präsens: *ihr esst → esst!* *ihr nehmt → nehmt!*
Beispiele	*Geh zur Seite!* *Nimm mir das bitte ab!* *Lass das!* *Schrei doch nicht so!* *Schlaf jetzt!*	*Esst auf!* *Nehmt doch noch Kuchen!* *Wartet auf mich!* *Bleibt hier!*
sein	*Sei bitte still!*	*Seid doch nicht so laut!*

Daneben gibt es noch die **Höflichkeitsform** des Imperativs, die sich an eine oder mehrere Personen richten kann:

Warten Sie bitte hier!

Man findet auch Formen der 1. Person Plural, die den Sprecher mit einschließen:

Essen wir etwas! Warten wir nicht länger!

Der Konjunktiv

Man verwendet den Konjunktiv, wenn die Aussage weniger direkt, unwirklich oder ungewiss ist. Das Gesagte ist möglich, aber nicht sicher. Darum heißt der Konjunktiv **Möglichkeitsform.** Auch einen Wunsch oder eine Bedingung kann man so zum Ausdruck bringen:

Wenn doch das Wetter nicht so schlecht **wäre**!
Dann **wäre** es halb so schlimm, mit dem Hund Gassi zu gehen.

Auch wenn man die Äußerung einer fremden Person wiedergibt, verwendet man den Konjunktiv (Modus der indirekten Rede).

Aber ihre Mutter hat gesagt, Adina **müsse** das heute machen, denn sie **sei** immer mittwochs dran.

Den Konjunktiv gibt es in drei Tempora: Präsens, Perfekt und Futur. Wie bei anderen Verbformen ist das Präsens eine einfache Form, Perfekt und Futur sind zusammengesetzte Formen.

Wie wird der Konjunktiv I gebildet?

Die Formen für den **Konjunktiv I Präsens** lauten:

	Singular			Plural		
	1. Person	2. Person	3. Person	1. Person	2. Person	3. Person
Personal-endung	*-e*	*-est*	*-e*	*-en*	*-et*	*-en*
Wortstamm + Personalendung						
haben (hab-) *rufen (ruf-)*	*ich habe* *ich rufe*	*du habest* *du rufest*	*er habe* *er rufe*	*wir haben* *wir rufen*	*ihr habet* *ihr rufet*	*sie haben* *sie rufen*

Der Konjunktiv I Präsens von *sein* lautet folgendermaßen:

ich sei – du seist – er/sie/es sei – wir seien – ihr seiet – sie seien

Der **Konjunktiv I Perfekt** wird – wie der Indikativ Perfekt – mit den Hilfsverben *haben* oder *sein* gebildet:

	Singular		
	ich	*du*	*er/sie/es*
Hilfsverb *haben*	*habe*	*habest*	*habe*
Vollverb Partizip II	*gehabt* *angerufen*	*gesagt* *abgeholt*	*gebellt* *geregnet*

	Plural		
	wir	*ihr*	*sie*
Hilfsverb *haben*	*haben*	*habet*	*haben*
Vollverb Partizip II	*gespielt* *gefangen*	*eingekauft* *geschrieben*	*gewaschen* *trainiert*

	Singular		
	ich	*du*	*er/sie/es*
Hilfsverb *sein*	*sei*	*seist*	*sei*
Vollverb Partizip II	*geschwommen* *aufgewacht*	*gelaufen* *gewesen*	*gerannt* *passiert*

	Plural		
	wir	*ihr*	*sie*
Hilfsverb *sein*	*seien*	*seiet*	*seien*
Vollverb Partizip II	*abgefahren* *angekommen*	*geflogen* *gewachsen*	*aufgefallen* *geblieben*

Wie beim Indikativ wird auch im **Konjunktiv I** das **Futur** mit *werden* gebildet:

ich werde spielen – du werdest spielen – er/sie/es werde spielen – wir werden spielen – ihr werdet spielen – sie werden spielen

Wie wird der Konjunktiv II gebildet?

Die Grundlage für den **Konjunktiv II Präsens** ist der Präteritumstamm. Gebildet wird dieser aus der 1. Person Singular Präteritum, indem man die Personalendung weglässt: *ich holte* → *holt-*, *ich lief* → *lief-*.

	Singular		
	1. Person	2. Person	3. Person
Personalendung	*-e*	*-est*	*-e*
Präteritumstamm (+ evtl. Umlaut: a → ä, o → ö, u → ü) + Personalendung			
laufen (lief-) *nehmen (nahm-)* *ziehen (zog-)* *sein (war-)*	*ich liefe* *ich nähme* *ich zöge* *ich wäre*	*du liefest* *du nähmest* *du zögest* *du wär(e)st*	*er liefe* *er nähme* *er zöge* *er wäre*

	Plural		
	1. Person	2. Person	3. Person
Personalendung	*-en*	*-et*	*-en*
Präteritumstamm (+ evtl. Umlaut: a → ä, o → ö, u → ü) + Personalendung			
laufen (lief-) *nehmen (nahm-)* *ziehen (zog-)* *sein (war-)*	*wir liefen* *wir nähmen* *wir zögen* *wir wären*	*ihr liefet* *ihr nähmet* *ihr zöget* *ihr wäret*	*sie liefen* *sie nähmen* *sie zögen* *sie wären*

Für den **Konjunktiv II Perfekt** werden verschiedene Hilfsverben – je nach Bedeutung des Vollverbs – verwendet (↗ Perfekt):

	Singular		
	ich	*du*	*er/sie/es*
Hilfsverb *haben*	*hätte*	*hättest*	*hätte*
Vollverb Partizip II	*geholfen* *mitgemacht*	*gearbeitet* *aufgebaut*	*überlegt* *nachgedacht*

	Plural		
	wir	*ihr*	*sie*
Hilfsverb *haben*	*hätten*	*hättet*	*hätten*
Vollverb Partizip II	*geträumt* *gelesen*	*gesehen* *angeschaut*	*gegessen* *gekocht*

	Singular		
	ich	*du*	*er/sie/es*
Hilfsverb *sein*	*wäre*	*wär(e)st*	*wäre*
Vollverb Partizip II	*geschwommen* *eingeschlafen*	*gelaufen* *gewesen*	*gerannt* *passiert*

	Plural		
	wir	*ihr*	*sie*
Hilfsverb *sein*	*wären*	*wär(e)t*	*wären*
Vollverb Partizip II	*abgefahren* *angekommen*	*geflogen* *gewachsen*	*aufgefallen* *geblieben*

Das **Futur** sieht im **Konjunktiv II** so aus:

	Singular		
	ich	*du*	*er/sie/es*
Hilfsverb *werden*	*würde*	*würdest*	*würde*
Vollverb Infinitiv	*wissen*	*hoffen*	*sich freuen*

	Plural		
	wir	*ihr*	*sie*
Hilfsverb *werden*	*würden*	*würdet*	*würden*
Vollverb Infinitiv	*umsteigen*	*bekommen*	*wissen*

Wie werden Konjunktiv I und Konjunktiv II verwendet?

Konjunktiv I

Der Konjunktiv I wird hauptsächlich für die indirekte Rede benötigt. Wenn man wiedergibt, was jemand anders gesagt oder geschrieben hat, bringt man damit eine Distanz zum Inhalt zum Ausdruck. Der Einleitungs- oder Begleitsatz steht im Indikativ, im Nebensatz wird Konjunktiv I verwendet:

> Die Zeugin behauptete, dass der Dieb eine rote Schirmmütze **getragen habe**.
>
> Der Bestohlene gab an, das Rad **sei** abgeschlossen **gewesen**.
>
> Wie die Zeitung berichtet, **suche** die Polizei intensiv nach dem Täter.

Der Konjunktiv I kann in verschiedenen Zeitformen gebildet werden: im Präsens, im Perfekt, im Futur I und im Futur II:

Indikativ:	*er geht*
Konjunktiv I Präsens:	*er gehe*
Konjunktiv I Perfekt:	*er sei gegangen*
Konjunktiv I Futur I:	*er werde gehen*
Konjunktiv I Futur II:	*er werde gegangen sein*

Das zeitliche Verhältnis zwischen dem Einleitungssatz und dem Nebensatz bestimmt, welche Zeitstufe des **Konjunktivs I** verwendet wird.
Hier ist das Geschehen im Nebensatz (Rad abstellen) früher als der Zeitpunkt des Sprechens. Also wird hier der **Konjunktiv I Perfekt** verwendet:

> Joachim sagte den Polizisten, dass er sein Rad gegen 14.30 Uhr vor dem Schwimmbad **abgestellt habe**.

Hier findet das Geschehen im Nebensatz (Foto ist zu Hause) gleichzeitig mit dem Zeitpunkt des Sprechens statt. Dann wird der **Konjunktiv I Präsens** verwendet:

> Joachim sagte den Polizisten, dass er ein Foto seines Fahrrades zu Hause **habe**.

Hier liegt das Geschehen im Nebensatz (Bild abgeben) später als der Zeitpunkt des Sprechens. Darum verwendet man hier den **Konjunktiv I Futur I:**

> Joachim sagte den Polizisten, dass sein Vater das Bild morgen auf dem Revier **abgeben werde**.

Konjunktiv II

Der Konjunktiv II wird vor allem in konditionalen Satzgefügen verwendet. In einem solchen Satzgefüge drückt der Nebensatz eine Bedingung aus und der Hauptsatz die Folge dieser Bedingung.

konditionaler Nebensatz	
Wenn die Polizei den Dieb ***festnähme,***	***bekäme*** *Joachim sein Fahrrad zurück.*
	Hauptsatz

Der Konjunktiv II Präsens steht dabei für eine Bedingung, die in der Gegenwart oder der Zukunft noch erfüllt werden kann.
Wenn eine Bedingung nicht mehr erfüllt werden kann, weil sie in der Vergangenheit liegt, benutzt man den Konjunktiv II Perfekt:

konditionaler Nebensatz	
Wenn Joachim den Dieb ***gesehen hätte,***	***wäre*** *er ihm sicher* ***hinterhergerannt.***
	Hauptsatz

Außer in Bedingungssätzen benutzt man den Konjunktiv II noch in folgenden Fällen:

- Irrealer Aussagesatz:
  Etwas wäre unter bestimmten Voraussetzungen möglich (gewesen).
  Joachims Freunde hätten ihm geholfen. *(Aber sie waren heute ausnahmsweise nicht bei ihm.)*
  Seine Schwester Linda wäre sicher bereit, ihm ihr Fahrrad zu leihen. *(Aber sie hat im Moment keins.)*

- Nicht oder nicht mehr erfüllbarer Wunsch:
  Wäre er doch nur zu Hause geblieben!
  Wäre er doch jetzt nur zu Hause!
  Wenn er das Rad doch nicht aus den Augen gelassen hätte!

- Höflicher Wunsch, höfliche Frage:
  „Ich hätte gerne ein Glas Wasser", bat Joachim.
  „Dürfte ich mich hinsetzen?", fuhr er fort.
  „Könnte ich dir ein paar Fragen stellen?", begann der Polizist.

Häufig sind die Formen für den Konjunktiv II Präsens identisch mit denen des Indikativ Präteritum. Dadurch können manche Sätze missverständlich sein. Deshalb wird oft eine Verbform mit *würde* (= Konjunktiv II Futur) als Ersatz genommen:

- Indikativ Präteritum:

  Eine Augenzeugin **reagierte** schnell und holte die Polizei.

- Konjunktiv II:

  Wenn jeder Zeuge so schnell **reagierte**, könnten mehr Diebstähle aufgeklärt werden.

- Ersatzform mit *würde:*

  Wenn jeder Zeuge so schnell **reagieren würde**, könnten mehr Diebstähle aufgeklärt werden.

oder

- Indikativ Präteritum:

  Niemand **entdeckte** Joachims gestohlenes Fahrrad.

- Konjunktiv II:

  „Wenn doch nur jemand mein Fahrrad **entdeckte**!“, hoffte Joachim noch nach mehreren Tagen.

- Ersatzform mit *würde:*

  „Wenn doch nur jemand mein Fahrrad **entdecken würde**!“, hoffte Joachim noch nach mehreren Tagen.

Wenn eine Verbform im Konjunktiv I nicht vom Indikativ zu unterscheiden ist, ersetzt man sie in der indirekten Rede durch eine Verbform im Konjunktiv II:

- Direkte Rede mit Indikativ:

  „Wir **haben** schon einen Verdacht“, versicherte einer der Beamten.

- Indirekte Rede mit Konjunktiv I:

  Einer der Beamten versicherte, sie **haben** schon einen Verdacht.

- Indirekte Rede mit Konjunktiv II:

  Einer der Beamten versicherte, sie **hätten** schon einen Verdacht.

Sollte der Konjunktiv II wiederum mit dem Indikativ identisch sein, steht auch in der indirekten Rede eine Form mit *würde:*

- Direkte Rede mit Indikativ:

  Die Polizisten erklärten: „Wir **hoffen** auf baldigen Erfolg bei der Tätersuche."

- Indirekte Rede mit Konjunktiv I:

  Die Polizisten erklärten, sie **hoffen** auf baldigen Erfolg bei der Tätersuche.

- Indirekte Rede mit Konjunktiv II:

  Die Polizisten erklärten, sie **hofften** auf baldigen Erfolg bei der Tätersuche.

- Indirekte Rede mit *würde:*

  Die Polizisten erklärten, sie **würden** auf baldigen Erfolg bei der Tätersuche **hoffen**.

Vor allem bei schwachen (also regelmäßigen) Verben muss man diese Ersetzung vornehmen, da man bei ihnen Konjunktiv II Präsens und Indikativ Präteritum nicht unterscheiden kann.

Manchmal wird in der indirekten Rede statt des Konjunktivs I auch der Indikativ verwendet. Damit ist in der Regel eine andere Sprechabsicht verbunden:

Konjunktiv I:

Wie die Polizei verlauten ließ, **seien** bereits mehrere Hinweise auf den Täter eingegangen.

Derjenige, der eine Äußerung so wiedergibt, bleibt neutral. Er trifft keine Aussage darüber, ob das Berichtete wahr ist oder nicht: Möglicherweise gibt es Hinweise, vielleicht aber auch nicht.

Indikativ:

Die Polizei ließ verlauten, dass bereits mehrere Hinweise auf den Täter eingegangen **sind**.

Derjenige, der eine Äußerung so wiedergibt, wertet sie als wahr: Er glaubt oder weiß, dass es wirklich schon Hinweise auf den Täter gibt.

Formen der Redewiedergabe

Wenn man wiedergeben will, was ein anderer gesagt hat, kann man dies auf verschiedene Weise tun. Vor allem für einen schriftlichen Text, z. B. für einen Bericht, sollte man auf unterschiedliche Formen der Redewiedergabe zurückgreifen, damit der Text abwechslungsreich wird.
In dieser Zusammenfassung werden die Möglichkeiten vorgestellt:

Aussagesätze

Der Polizist sagte zu dem Jungen: „Das ist heute bereits der vierte Fahrraddiebstahl."

indirekte Rede im Konjunktiv I (Nebensatz mit oder ohne Konjunktion *dass*):

Der Polizist sagte zu dem Jungen, dass das an diesem Tag bereits der vierte Fahrraddiebstahl **sei**.
Der Polizist meinte, das **sei** an diesem Tag bereits der vierte Fahrraddiebstahl.

Infinitivkonstruktion:

Der Polizist erklärte, an diesem Tag bereits den vierten Diebstahl **zu bearbeiten**.

Präpositionalgefüge:

Der Polizist informierte den Jungen **über die Anzahl der Fahrraddiebstähle an diesem Tag**.

Fragen

Die Beamtin fragte den Jungen: „Wann ist dein Fahrrad gestohlen worden? Hast du den Dieb gesehen?"

indirekte Rede im Konjunktiv I:

Die Beamtin wollte von Joachim wissen, ob er den Dieb gesehen **habe**.

Präpositionalgefüge:

Die Beamtin erkundigte sich bei Joachim **nach dem Zeitpunkt des Diebstahls**.

Aufforderungen

Sie sagte freundlich: „Ruf erst einmal deine Eltern an!"

indirekte Rede im Konjunktiv I (Nebensatz mit oder ohne Konjunktion *dass*):

Die Polizistin sagte zu dem Jungen, dass er zunächst seine Eltern anrufen **solle**.

Die Polizistin meinte, der Junge **solle** zunächst seine Eltern anrufen.

Infinitivkonstruktion:

Die Polizistin forderte den Jungen auf, zunächst seine Eltern **anzurufen**.

Präpositionalgefüge:

Die Polizistin bat den Jungen **um telefonische Benachrichtigung seiner Eltern**.

Übersicht über die Wortarten mit Beispielen

veränderbare (flektierbare) Wörter

konjugierbare Wörter (bestimmbar nach Person, Numerus, Modus, Tempus)

- **Verben**

Vollverben: *laufen, kochen*
Hilfsverben: *haben, sein*
Modalverben: *müssen, können*
transitive Verben: *etwas bringen, etwas hinlegen*
intransitive Verben: *liegen, scheinen*
reflexive Verben: *sich fühlen*
starke Verben: *fliegen – flog*
schwache Verben: *baden – badete*

Tempora:	Modi:	Aktiv/Passiv	infinite Formen:
Präsens	Indikativ		Infinitiv
Präteritum	Imperativ		Partizip I
Perfekt	Konjunkti		Partizip II
Plusquamperfekt			
Futur I/II			

deklinierbare Wörter (bestimmbar nach Kasus, Numerus, Genus)

- **Substantive**
  Konkreta: *der Baum, die Katze, das Haus*
  Abstrakta: *der Hass, die Hitze, das Wetter*
- **Artikel bestimmt**
  der, die, das, des, den, dem
- **Artikel unbestimmt**
  ein, eine, eines, einer, einen, einem
- **Numeralia (Zahlwörter)**
  Kardinalzahl: *drei, zwölf, hundertacht*
  Ordinalzahl: *fünfte, zehnter*
  Bruchzahl: *halb, Viertel*
  unbestimmtes Numerale: *viel, viele, wenig, wenige*
- **Adjektive**
  attributiv: *der blaue Himmel*
  adverbial: *Der Wind weht stark.*
  prädikativ: *Der Himmel ist blau.*
  Vergleich:
  - Positiv: *klug, laut*
  - Komparativ: *klüger, lauter*
  - Superlativ: *am klügsten, am lautesten*
- **Pronomen**
  als Stellvertreter oder Begleiter
  - Personalpronomen: *ich, er, uns*
  - Possessivpronomen: *meinem, euer*
  - Demonstrativpronomen: *dieser, jenes*
  - Reflexivpronomen: *sich, mir, dich*
  - Indefinitpronomen: *einige, etwas*
  - Interrogativpronomen: *wer, was*
  - Relativpronomen: *der, die, den, deren, dessen, welcher, welche, welches*

nicht veränderbare (nicht flektierbare) Wörter

- Adverbien (Umstandswörter)
  lokal: *dort, überall*
  temporal: *heute, jetzt*
  modal: *so, gerne*
  kausal: *daher, deshalb*
  - konsekutiv: *also, folglich*
  - instrumental: *damit*
  - konditional: *sonst*
  - konzessiv: *trotzdem, dennoch*
  - final: *dazu*
- Präpositionen (Verhältniswörter)
  lokal: *auf, hinter, neben*
  temporal: *in, nach, seit*
  modal: *bei, mit, ohne*
  kausal: *aus, wegen*
  - konsekutiv: *zu*
  - instrumental: *durch*
  - konditional: *unter*
  - konzessiv: *trotz*
  - final: *zu*
- Konjunktionen (Bindewörter)
  nebenordnend
  - anreihend: *und, oder*
  - adversativ: *aber*
  - kausal: *denn*

  unterordnend
  - neutral: *dass, ob*
  - temporal: *nachdem, als*
  - kausal: *weil, da*
  - konsekutiv: *sodass*
  - konditional: *wenn, falls*
  - konzessiv: *obwohl*
  - final: *damit*
  - adversativ: *während*
  - restriktiv: *sofern*

  Interjektionen (Ausrufe): *ach, aua, hurra, pfui*

9 Satzarten

Ein Teil der Grammatik beschäftigt sich damit, welche Arten von Sätzen es gibt, woraus Sätze bestehen und wie sie aufgebaut sind. Mit dem Fachbegriff bezeichnet man diesen Teilbereich der Grammatik als **Syntax.**

Was ist ein Satz?

Ein deutscher Satz besteht mindestens aus einem Subjekt und einem Prädikat. Das Prädikat kann dabei – ebenso wie das Subjekt – mehrteilig sein:

Subjekt	Prädikat
Ich	esse.
Mein Vater	grinste.
Tante Jutta und Onkel Klaus	werden verreisen.
Die Schwester meines besten Freundes	hat sich verliebt.

Die meisten Verben brauchen aber noch mehr Satzglieder um sich herum als nur das Subjekt, damit ein vollständiger Satz entsteht:

Subjekt	Prädikat	weitere notwendige Satzglieder
Sie	erwartet	einen Anruf.
Mein Freund	findet	ihr Verhalten ziemlich komisch.
Sie	wirkt	ganz abwesend.
Ich	treffe	die beiden.

Manchmal – vor allem beim mündlichen Sprachgebrauch – wirkt ein einzelnes Wort oder eine kleine Wortgruppe schon wie ein ganzer Satz, denn man versteht, was damit gemeint ist:

Stimmt! – Wirklich? – Kaffee? – Wird gemacht! – Keine Ahnung. – So ein Unsinn!

Dies sind verkürzte Sätze oder Bruchstücke von Sätzen, die vollständig so lauten könnten:

Das stimmt! – Ist das wirklich so? – Möchtest du einen Kaffee? – Das wird gemacht! – Ich habe keine Ahnung. – Was du redest, ist so ein Unsinn!

So ein unvollständiger Satz, in dem die für das Verständnis eher unwichtigen Teile weggelassen wurden, wird als **Ellipse** bezeichnet.

Welche Arten von Sätzen gibt es?

Hinter jedem Satz, den wir sagen oder schreiben, steckt eine bestimmte Absicht: Wir möchten z. B. etwas mitteilen, etwas feststellen, etwas behaupten, etwas wissen, jemanden zu etwas auffordern oder etwas besonders betonen. Um diese verschiedenen Sprechabsichten deutlich zu machen, können wir bestimmte Satzarten verwenden, die in den folgenden Abschnitten genauer dargestellt werden.

Aussagesatz

Hauptsächlich dient der Aussagesatz dazu, etwas darzustellen oder etwas zu beschreiben: ein Geschehen, eine Person, einen Gegenstand, einen Zustand, eine Meinung usw.

Caroline kauft gemeinsam mit ihren Eltern Winterkleidung ein.
Ihr neuer Anorak ist knallrot und hat viele Taschen.
Jetzt braucht ihr Vater noch zwei Hemden, einen Wollpullover und eine Jeans.
Die Geschäfte sind ziemlich voll, sodass bisher alles recht lange gedauert hat.

Fragesatz

Wenn man etwas erfahren möchte, stellt man normalerweise eine Frage. Man unterteilt die Fragesätze in zwei große Gruppen:

Entscheidungsfragen

Sie werden mit *ja* oder *nein* beantwortet.

Haben Sie die Hose auch in einer anderen Größe? – **Nein**, tut mir leid, das ist die letzte.

Kann ich den Pulli anprobieren, bitte? – **Ja**, dort drüben ist eine Kabine frei.

Entscheidungsfragen beginnen mit einer Verbform:

Findest du diese Hose zu teuer?

Hast du die grüne Bluse gesehen?

Ergänzungsfragen

Auf Ergänzungsfragen wird eine bestimmte Auskunft oder Information als Antwort gegeben. Manchmal werden sie daher auch als Auskunftsfragen bezeichnet.

Wo ist die Schreibwarenabteilung? – **Im ersten Stock.**

Welches Hemd steht mir besser? – Ich finde **das blaue** besser.

Ergänzungsfragen beginnen mit einem Interrogativpronomen oder einem Interrogativadverb:

Was kann ich Ihnen noch zeigen?

Wann schließt dieses Geschäft?

Aufforderungssatz

Möchte man jemanden darum bitten, etwas zu tun, eine Person zu etwas auffordern oder ihr gar einen Befehl erteilen, kann man einen Aufforderungssatz verwenden. Meist enthält dieser ein Verb im Imperativ, das am Satzanfang steht:

Sei doch nicht so ungeduldig!

Bringen Sie mir die Schuhe doch bitte eine Nummer kleiner.

Wartet hier auf mich, ich gehe an die Kasse.

Häufig sind Entscheidungsfragen „getarnte“ Aufforderungen, auf die nicht nur die Antwort *ja/nein* erwartet wird, sondern auch eine entsprechende Tätigkeit:

Kannst du mal die Tasche tragen?
Würden Sie mir bitte die schwarzen Stiefel geben?

Auch ein Aussagesatz kann als solche versteckte Aufforderung gedacht sein:

Die Tasche ist so schwer. Mir tut schon der Arm weh.
(gemeint ist: Nimm mir die Tasche ab!)

Ausruf

Wenn jemand Gefühle wie Erstaunen, Ekel, Entsetzen, Schreck oder Erleichterung zum Ausdruck bringen will, tut er dies oft mit einem Ausruf. Meistens handelt es sich bei Ausrufen um Aussagesätze, die besonders betont werden.

Das ist ja unglaublich!
Du hast mich furchtbar erschreckt!
Wir haben's geschafft!

10 Satzglieder

Was ist ein Satzglied? Wie erkennt man ein Satzglied?

Ein Satz besteht in der Regel aus einer Anzahl von Wörtern. Einzelne Wörter oder mehrere Wörter zusammen haben im Satz eine bestimmte Aufgabe, um z. B. zu zeigen, wer etwas tut oder was geschieht. Solche Wörter oder Wortgruppen bezeichnet man als **Satzglieder.**

! Wortgruppen mit Präposition oder Wortgruppen im Genitiv sehen manchmal auf den ersten Blick aus wie Satzglieder. Wenn sich aber nach der Umstellung kein sinnvoller Satz ergibt, sind die Satzglieder nicht korrekt ermittelt.

Die Großeltern erzählen dem Jungen oft von ihren Reisen **in die ganze Welt**.

Falsch:

In die ganze Welt erzählen die Großeltern dem Jungen oft von ihren Reisen.

Den Jungen interessieren die Länder **Südamerikas** sehr.

Falsch:

Südamerikas interessieren den Jungen die Länder sehr.

Aus welchen Teilen besteht ein Satz? – Grammatische Proben

Um herauszufinden, aus welchen Satzgliedern oder Satzteilen ein Satz besteht, kann man verschiedene **grammatische Proben** anwenden.

Welche Wörter zu einem Satzglied gehören, erkennt man an der **Umstellprobe** (auch: Verschiebeprobe): Dabei probiert man aus, welche Wörter **gemeinsam** vor die Personalform des Verbs gestellt werden können, ohne dass der Satz dadurch seinen Sinn verliert.

Alle Wörter, die beim Umstellen zusammenbleiben, bilden ein Satzglied.

Die Großeltern	erzählen	dem Jungen	oft	von ihren Reisen.
Dem Jungen	erzählen	die Großeltern	oft	von ihren Reisen.
Oft	erzählen	die Großeltern	dem Jungen	von ihren Reisen.
Von ihren Reisen	erzählen	die Großeltern	dem Jungen	oft.

Mit der **Ersatzprobe** kann man testen, ob man die Satzglieder richtig ermittelt hat. Jedes Satzglied kann man durch ein einzelnes Wort (z. B. ein Personalpronomen oder ein Adverb) ersetzen:

Oma und Opa	erzählen	ihren Enkeln	immer wieder	von ihren Reisen.
Sie	erzählen	ihnen	oft	davon.

Die **Weglassprobe** hilft dabei, notwendige von entbehrlichen Bestandteilen des Satzes zu unterscheiden: Welche Wörter kann man weglassen, ohne dass der gesamte Satz unsinnig wird?

Manchmal kann man ganze Satzglieder weglassen. Dies sind meist adverbiale Bestimmungen, also zusätzliche Informationen zu den Umständen eines Geschehens.

Der zweite Satz ist zwar korrekt, aber weniger genau:

Larissa hat gestern	eine Ansichtskarte	an ihre Freundin	geschrieben.
Larissa hat	eine Ansichtskarte		geschrieben.

Attribute sind Teile von Satzgliedern. Man kann sie immer weglassen. Auch in diesem Fall wird die Aussage zwar ungenauer, aber nicht falsch:

Die	witzige	Ansichtskarte,	die Larissa geschickt hat,	liegt auf dem Schreibtisch.
Die		Ansichtskarte		liegt auf dem Schreibtisch.

Welche Satzglieder gibt es?

Prädikat

Das Prädikat eines Satzes besteht aus der Personalform des Verbs (also der finiten Form) und möglicherweise weiteren infiniten Bestandteilen (Infinitiv, Partizip II). Das Prädikat kann also **einteilig** oder **mehrteilig** sein. Mehrteilige Prädikate bilden eine sogenannte **Prädikatsklammer** um andere Satzglieder herum:

	Personalform		Partizip/Infinitiv
Die Großeltern	*erzählen*	*ihm davon*	.
	haben		*erzählt.*
	werden		*erzählen.*
	PRÄDI-		-KAT

Viele Verben haben eine (betonte) Vorsilbe, die im Präsens und Präteritum abgetrennt wird, aber immer Bestandteil des Prädikats ist und zur Prädikatsklammer gehört:

Er	*wird*	*ihnen meistens aufmerksam*	*zuhören.*
	hört		*zu.*
	hörte		*zu.*
	hat		*zugehört.*
	PRÄDI-		-KAT

Zu reflexiven Verben gehört schon im Infinitiv ein weiterer Bestandteil, nämlich das Reflexivpronomen *(**sich** erinnern an, **sich** fühlen, **sich** setzen, **sich** zusammenreißen, **sich** bedanken ...).* Dies ändert sich auch nicht, wenn das Verb gebeugt im Satz verwendet wird: Das Reflexivpronomen ist Teil des Prädikats.

Bei Oma und Opa	*fühlt*	*er*	*sich*	*immer gut.*	
	hat		*sich*	*immer gut*	*gefühlt.*
	wird		*sich*	*immer gut*	*fühlen.*
	PRÄ-		-DI-		-KAT

Subjekt

Ein Aussagesatz umfasst neben dem Prädikat mindestens noch ein weiteres Satzglied: das Subjekt. Es drückt aus, wer oder was im Satz etwas ist, tut oder etwas veranlasst. In Passivsätzen (siehe die letzten beiden Beispiele) ist es auch die Sache oder Person, mit der etwas geschieht:

Subjekt	**Prädikat**
Der Mann	schweigt.
Sie	hören zu.
Die Großeltern des Jungen	verreisen.
Alle	lachen.
Die Sonne	scheint.
Die Koffer	werden gepackt.
Der Großvater	wird umarmt.

Die meisten Prädikate verlangen aber außer dem Subjekt noch weitere Satzglieder, damit ein korrekter Satz entstehen kann:

Subjekt	**Prädikat**	**weitere Satzglieder**	
Lukas	bekommt.		(falsch)
Lukas	bekommt	einen neuen Atlas.	(richtig)
Die Großeltern	geben.		(falsch)
Die Großeltern	geben	ihm etwas Taschengeld.	(richtig)

Das Subjekt ist das Satzglied, das im Nominativ steht. Daher ermittelt man es mit einer Frage, die aus *Wer?/Was?* und den restlichen Satzgliedern besteht.

! Das Subjekt kann sich an verschiedenen Stellen im Satz befinden. Es muss im Deutschen nicht am Satzanfang stehen.

Die Länder Südamerikas interessieren Lukas sehr.
Wer oder was interessiert Lukas sehr? – die Länder Südamerikas (= Subjekt)

Darüber hat er besonders viel gelesen.
Wer oder was hat darüber besonders viel gelesen? – er (= Subjekt)

Sein Wissen ist sehr beeindruckend.
Wer oder was ist sehr beeindruckend? – sein Wissen (= Subjekt)

Beim Subjekt eines Satzes kann es sich um Gegenständliches, um Personen oder um Abstraktes handeln. Es kann aus verschiedenen Wortarten bestehen, z. B.:

Eigenname	Für die Reise lernt **Lukas** Spanisch.
Personalpronomen	**Sie** machen Pläne für die nächsten Ferien.
Artikel + Nomen	**Das Interesse** an fremden Ländern wächst weiter.
Artikel + Adjektiv + Nomen	**Eine spannende Geschichte** muss auch gut erzählt werden.
Possessivpronomen + Nomen	**Seine Großeltern** schenken ihm den Flug.
Artikel + Nomen + Konjunktion + Nomen	**Die Koffer und Taschen** sind sehr schwer.
Artikel + Numerale	Lange vor der Abreise sind **die drei** schon ganz aufgeregt.
Artikel + nominalisierter Infinitiv	Leider macht **das Fliegen** Oma immer ein wenig Angst.

! Auch ein Nebensatz kann das Subjekt eines Satzes sein oder ein Teil davon (↗ Kapitel 11 und 12):

Subjekt	Prädikat	weitere Satzglieder
Dass er einen Fensterplatz bekam,	gefiel	Lukas besonders.
Der Pilot, der die Gäste am Eingang der Maschine begrüßte,	ließ	den Jungen ins Cockpit schauen.

Prädikativ

Einige wenige Verben verbinden das Subjekt eines Satzes mit einem Satzglied, das das Subjekt näher bestimmt oder beschreibt. Man nennt es Prädikativ. Es kommt vor allem bei den Verben *sein, werden, bleiben, scheinen* vor:

Subjekt	Prädikat	weitere Satzglieder	Prädikativ
Lukas	wäre	gern	**ein guter Bergsteiger**.
Die Großeltern	waren	nach der Reise	**müde**.
Opa	wird	im Urlaub immer	**sehr braun**.
Mexiko	bleibt	auch in Zukunft	**Omas liebstes Reiseziel**.

Wenn das Prädikativ ein Nomen enthält, steht dieses Nomen wie das Subjekt im Nominativ. Der allgemeine Begriff ist in der Regel das Subjekt *(Mexiko),* das Prädikativ ist das Wort oder die Wortgruppe mit der eingeschränkteren Bedeutung *(Omas liebstes Reiseziel).*

! Hier besteht Verwechslungsgefahr mit anderen Satzgliedern:

Der Hund **bleibt** zu Hause.
Wo bleibt der Hund? - zu Hause (= adverbiale Bestimmung des Ortes)

Er **ist** im Garten.
Wo ist er? - im Garten (= adverbiale Bestimmung des Ortes)

Der Hund **ist** und **bleibt ein Schlawiner**.
Wer oder was ist und bleibt der Hund? - ein Schlawiner (= Prädikativ)

! Die im Deutschen oft gebräuchliche Bezeichnung „Prädikatsnomen“ ist irreführend, da es sich beim Prädikativ auch um ein Adjektiv handeln kann:

Der Reiseführer ist **interessant**.

Adverbiale Bestimmungen

Adverbiale Bestimmungen sind Satzglieder, die verdeutlichen, unter welchen Umständen etwas geschieht: an welchem Ort, zu welcher Zeit, aus welchem Grund und auf welche Art und Weise. Manchmal werden sie auch **Adverbialien** (Singular: das Adverbiale) genannt. Die einzelnen Typen von adverbialen Bestimmungen werden mit folgenden Fragewörtern ermittelt:

Typ	Umstandsbestimmung (deutsche Bezeichnung) …	Fragewörter
adverbiale Bestimmung lokal	… des Ortes	*Wo? Wohin? Woher?*
adverbiale Bestimmung temporal	… der Zeit	*Wann? Wie lange?*
adverbiale Bestimmung kausal	… des Grundes	*Warum? Weshalb?*
adverbiale Bestimmung modal	… der Art und Weise	*Wie? Womit?*

Die Sätze zeigen jeweils ein Beispiel:

Opas Koffer kam mit drei Tagen Verspätung am Flughafen an.
Wo kam Opas Koffer mit drei Tagen Verspätung an? –
am Flughafen (= adverbiale Bestimmung, lokal)

Nach der Landung hatte Opa vergeblich auf sein Gepäck gewartet.
Wann hatte Opa vergeblich auf sein Gepäck gewartet? –
nach der Landung (= adverbiale Bestimmung, temporal)

Die Fluggesellschaft bedauerte das außerordentlich.
Wie bedauerte die Fluggesellschaft das? –
außerordentlich (= adverbiale Bestimmung, modal)

Als Ausgleich für die Unannehmlichkeiten bekam Opa einen Fluggutschein.
Warum bekam Opa einen Fluggutschein? – *als Ausgleich für die Unannehmlichkeiten* (= adverbiale Bestimmung, kausal)

Eine adverbiale Bestimmung kann aus mehreren Wörter bestehen, aber auch nur aus einem Adverb:

	adverbiale Bestimmung der Zeit	
Der Koffer kam	***vor drei Tagen***	*an.*
	gestern	

	adverbiale Bestimmung des Ortes	
Die Großeltern hatten	***in ihrem Hotel*** ***dort***	*darauf gewartet.*

	adverbiale Bestimmung der Art und Weise	
Das Gepäckstück war	***unter Umständen*** ***möglicherweise***	*im falschen Flugzeug.*

	adverbiale Bestimmung des Grundes	
Die Fluggesellschaft bat	***wegen der Verzögerung*** ***deswegen***	*um Entschuldigung.*

Häufig werden adverbiale Bestimmungen des Grundes (wie die Adverbien und Präpositionen) noch weiter untergliedert:
Man unterscheidet die (a) konsekutiven, (b) konditionalen, (c) konzessiven, (d) finalen und (e) instrumentalen adverbialen Bestimmungen.

(a) **Zu Opas Entsetzen** war auch seine Zahnbürste im verlorenen Koffer.
Mit welcher Folge/Mit welcher Wirkung war auch seine Zahnbürste im verlorenen Koffer?

(b) **Bei weiteren Problemen** würde Opa sein Geld zurückverlangen.
Unter welcher Bedingung würde Opa sein Geld zurückverlangen?

(c) **Trotz der umgehenden Hilfe** hatte Opa sich ziemlich aufgeregt.
Trotz welchen Umstands hatte Opa sich ziemlich aufgeregt?

(d) Opa legte sich **zur Beruhigung** im Hotel ein wenig hin.
Wozu/Mit welcher Absicht legte sich Opa im Hotel ein wenig hin?

(e) Man schickte den Koffer schließlich **mit einem Taxi** zum Hotel.
Wie/Womit schickte man den Koffer schließlich zum Hotel?

Auch Nebensätze können die Funktion von adverbialen Bestimmungen übernehmen (↗ Kap. 12).

Objekte

Viele Verben können oder müssen außer dem Subjekt Satzglieder bei sich haben, die ausdrücken, mit wem oder womit etwas geschieht. Diese Satzglieder nennt man Objekte. Sie können in einem bestimmten Kasus stehen (Dativ-, Akkusativ- und Genitivobjekt) oder von einer Präposition eingeleitet werden (Präpositionalobjekt).

Dativobjekt

Das Dativobjekt ermittelt man mit einer Frage aus *Wem?* und den restlichen Satzgliedern. Es kann aus einem Wort oder einer Wortgruppe bestehen und verschiedene Stellen im Satz einnehmen. Meist handelt es sich um Lebewesen.

> Am besten gefallen dem 11-Jährigen die lustigen Geschichten.
> **Wem** gefallen die lustigen Geschichten am besten? –
> *dem 11-Jährigen* (= Dativobjekt)
>
> Oft bringen ihm die Großeltern etwas aus dem Ausland mit.
> **Wem** bringen die Großeltern oft etwas aus dem Ausland mit? –
> *ihm* (= Dativobjekt)

Akkusativobjekt

Das Akkusativobjekt ermittelt man mit einer Frage, die aus *Wen oder was?* und den restlichen Satzgliedern besteht. Es kann aus einem Wort, einer Wortgruppe oder einem Nebensatz (↗ Kap. 12) bestehen und verschiedene Stellen im Satz einnehmen. Beim Akkusativobjekt kann es sich um Lebewesen, Gegenstände oder Abstraktes handeln:

> Oma und Opa möchten ihn gerne auf Reisen mitnehmen.
> **Wen oder was** möchten Opa und Oma gerne auf Reisen mitnehmen? –
> *ihn* (= Akkusativobjekt)
>
> Sie sehen manchmal alte Urlaubsfotos an.
> **Wen oder was** sehen sie manchmal an? –
> *alte Urlaubsfotos* (= Akkusativobjekt)

Dabei haben alle immer viel Spaß.
Wen oder was haben dabei immer alle? –
viel Spaß (= Akkusativobjekt)

Sie hoffen, dass das noch lange so bleibt.
Wen oder was hoffen sie? –
dass das noch lange so bleibt (= Akkusativobjekt)

Genitivobjekt

Das Genitivobjekt kommt selten vor, meistens in veralteter oder gehobener Sprache, z. B. *sich einer Sache/Person erinnern, einer Sache/Person gedenken, einer Sache bedürfen.*

Man ermittelt es mit einer Frage, die aus *Wessen?* und den restlichen Satzgliedern besteht. Es kann aus einem Wort oder einer Wortgruppe bestehen und verschiedene Stellen im Satz einnehmen. Beim Genitivobjekt kann es sich um Lebewesen, Gegenstände oder Abstraktes handeln.

Zum Glück erfreuen sich die Großeltern bester Gesundheit.
Wessen erfreuen sich die Großeltern zum Glück? –
bester Gesundheit (= Genitivobjekt)

Präpositionalobjekt

An viele Verben wird ein Satzglied mit einer bestimmten Präposition angeschlossen, die ihre ursprüngliche (lokale oder temporale) Bedeutung verloren hat und nicht durch eine andere Präposition ersetzt werden kann, z. B. *sich erinnern an, sich kümmern um, sprechen über, bestehen aus.*

Da diese Präposition fest mit dem Verb verbunden ist, braucht man sie für die Satzgliedfrage, wie die folgenden Beispiele zeigen:

Der Großvater erinnert sich besonders gern an eine Bergwanderung.
Woran/An wen oder was erinnert sich der Großvater besonders gern? –
an eine Bergwanderung (= Präpositionalobjekt)

Die Reisegruppe hatte lange auf passendes Wetter gewartet.
Worauf/Auf wen oder was hatte die Reisegruppe lange gewartet? –
auf passendes Wetter (= Präpositionalobjekt)

Noch heute schwärmt Opa von diesem Ausflug.
Wovon/Von wem oder was schwärmt Opa noch heute? –
von diesem Ausflug (= Präpositionalobjekt)

Wie kann man Präpositionalobjekt und adverbiale Bestimmung des Ortes unterscheiden?

Oft sehen Präpositionalobjekte und adverbiale Bestimmungen sehr ähnlich aus:

1. Sie warteten **auf die Ankunft des Zuges**.
2. Sie warteten **auf die Großeltern**.
3. Sie warteten **auf dem Bahnsteig**.

Dass die Wortgruppen mit „auf" aber völlig verschiedene Funktionen haben, erkennt man, wenn man sie erfragt:

1. **Worauf** warteten sie? – *auf die Ankunft des Zuges* (Präpositionalobjekt)
2. **Auf wen** warteten sie? – *auf die Großeltern* (Präpositionalobjekt)
3. **Wo** warteten sie? – *auf dem Bahnsteig* (adverbiale Bestimmung des Ortes)

Beim Präpositionalobjekt ist eine sinnvolle Frage mit *„Wo?"* nicht möglich, da es keine Information über einen Ort darstellt.
Die Präposition ist auch nicht austauschbar, sie wird vom Verb verlangt.
Bei adverbialen Bestimmungen kann man die Präposition meist durch eine andere ersetzen, ohne dass der Satz seinen Sinn verliert:

	adverbiale Bestimmung	
	auf	
Sie warteten	*an*	*der Treppe.*
	neben	
	unter	

	Präpositionalobjekt	
	auf	
Sie warteten	~~*an*~~	*die Großeltern.*
	~~*neben*~~	
	~~*unter*~~	

11 Attribut

Was ist ein Attribut und wie wird es verwendet?

Als Zeugenaussage nach einem Banküberfall sind die folgenden Sätze wenig aussagekräftig, weil sie viel zu allgemein sind:

Der Räuber und seine Komplizin flüchteten im Auto.

Der Wagen stand vor dem Haus.

Man kann genauere Aussagen treffen, wenn man **Attribute** verwendet. Dies sind Wörter, Wortgruppen oder Nebensätze, die etwas genauer und anschaulicher darstellen. Es gibt davon unterschiedliche Arten:

Der	Räuber	und seine Komplizin	flüchteten im Auto	.
rothaarige	, der eine auffällige grüne Jacke trug,	, eine etwa dreißigjährige Frau,	des Geschäftsführers	
Adjektivattribut	Attributsatz (Relativsatz)	Apposition (nachgestellte Beifügung im gleichen Kasus; mit Komma(s) abgetrennt)	Genitivattribut	

Der Wagen	stand vor dem Haus	.
mit dem amtlichen Kennzeichen ZB – HN 391	nebenan	
Präpositionalattribut	attributives Adverb	

An die Bevölkerung erging die Aufforderung	.
, alle verdächtigen Personen bei der Polizei zu melden	
attributiver Infinitiv	

Außer dem Prädikat lassen sich alle Satzglieder mit Attributen versehen:

Subjekt	Prädikat	Akkusativobjekt
Die Polizeibeamten	befragten	die Zeugen.
Die Polizeibeamten, **die sehr schnell vor Ort waren,**	befragten	die Zeugen **des Überfalls**.
		Dativobjekt
Die Zeugen	halfen	den Beamten.
Die Zeugen **des Überfalls**	halfen	den **freundlichen** Beamten.
		Präpositionalobjekt
Ein Polizist	sprach	mit dem Bankdirektor.
Ein **junger** Polizist	sprach	mit dem Bankdirektor, **der unter Schock stand**.
		adverbiale Bestimmung
Die Zeugen	warteten	im Haus.
Die Zeugen, **zwei Männer und eine Frau,**	warteten	im Haus **nebenan**.

i Artikel und andere Begleiter des Nomens (Demonstrativpronomen, Possessivpronomen ...) werden nicht als Attribute angesehen.

Attribute sind keine selbstständigen Satzglieder, sondern Teile von Satzgliedern. Das zeigt sich bei der Umstellprobe:

Die Täter flüchteten im Auto mit dem amtlichen Kennzeichen ZB - HN 391.

Im Auto mit dem amtlichen Kennzeichen ZB - HN 391 flüchteten die Täter. (richtig)

Mit dem amtlichen Kennzeichen ZB - HN 391 flüchteten die Täter im Auto. (falsch)

Zu viele Attribute in einem Satz machen ihn unübersichtlich. Das sieht man, wenn man in einen Satz immer mehr Attribute einfügt (Erweiterungsprobe):

Ein Spaziergänger fand den Wagen später auf einem Parkplatz.

Ein Spaziergänger, ein Rentner, fand den Wagen der Täter später auf einem Parkplatz im Wald.

Ein Spaziergänger, ein 71-jähriger Rentner, der oft in der Gegend unterwegs ist, fand den stark beschädigten Wagen der Täter, die bereits bei der Polizei bekannt sind und inzwischen im ganzen Land gesucht werden, später auf einem verlassenen Parkplatz im Wald.

12 Hauptsatz und Nebensätze

Was ist ein Hauptsatz?

In einem Hauptsatz folgt ein Teil des Prädikats, nämlich die Personalform des Verbs, immer dem ersten Satzglied. Man spricht auch davon, dass das finite Verb im Aussagesatz an zweiter Stelle oder an zweiter Position im Satz steht.

! „Zweite Stelle“ oder „zweite Position“ heißt nicht, dass das finite Verb das zweite Wort im Satz ist, sondern dass es im Satz hinter dem ersten Satzglied steht.

erstes Satzglied	Personalform des Verbs	weitere Satzglieder	infinite Verbform
Katharina	mag	Wintersport.	
Letzte Woche	ist	eine Menge Schnee	gefallen.
Wie in jedem Winter	will	sie zum Skilaufen in die Berge	fahren.
Ihre Eltern	werden	ihr sogar eine neue Ausrüstung	kaufen.

Was ist ein Nebensatz?

In einem Nebensatz dagegen steht die **Personalform des Verbs** an letzter Stelle:

Hauptsatz	Nebensatz
Katharina **braucht** neue Sachen,	weil sie ein ganzes Stück gewachsen **ist**.
Sie **fahren** in den Wintersportort,	in dem sie schon letztes Jahr **waren**.

Wenn der Nebensatz vor dem Hauptsatz steht, übernimmt er die Funktion des ersten Satzgliedes, sodass im Hauptsatz selbst die Personalform des Verbs ganz vorne steht:

Nebensatz	Hauptsatz
Da ihnen die Pension gut gefallen **hat**,	**haben** sie dort wieder ein Zimmer gebucht.
Als sie **ankamen**,	**wurden** sie von den Besitzern begrüßt.

Der Hauptsatz kann auch eine Klammer um den Nebensatz bilden:

HAUPT-	Nebensatz	-SATZ
Das Zimmer,	das Katharina und ihre Schwester **bekamen**,	**hatte** einen wunderbaren Blick auf die Berge.
Die Kinder **erkundeten**,	während die Eltern **auspackten**,	das Dorf.

Nebensätze können Teil eines Satzgliedes oder selbst ein Satzglied sein. Stehen sie für ein Satzglied, nennt man sie auch **Gliedsätze.**

Wenn Hauptsätze (mit oder ohne nebenordnende Konjunktion) aneinandergereiht werden, spricht man von einer **Satzreihe.** Der Fachbegriff für diese Art von Satzbau ist **Parataxe:**

> Der Schneefall nimmt zu. Es kommt Nebel auf. Man sieht kaum noch die Hand vor Augen, und das Skifahren macht keinen Spaß mehr.

Kombinationen aus Haupt- und Nebensatz nennt man **Satzgefüge** oder **Hypotaxe:**

> Der Schneefall, der schon den ganzen Vormittag angehalten hatte, wurde stärker. Da es auch immer nebliger wurde, sah man kaum noch die Hand vor Augen.

Welche Arten von Nebensätzen gibt es?

Subjektsatz und Objektsatz

Das Subjekt eines Satzes kann aus einem Wort oder einer Wortgruppe bestehen:

Subjekt	Prädikat	Weitere Satzglieder
Der Schnee	gefiel	den Kindern.
Kinder unter acht Jahren	dürfen	nicht allein in die Seilbahn.

Es kann aber auch ein ganzer Nebensatz die Funktion des Subjekts übernehmen:

Subjektsatz	Prädikat	Weitere Satzglieder
Dass so viel Schnee lag,	gefiel	den Kindern.
Wer noch keine acht Jahre alt ist,	darf	nicht allein in die Seilbahn.

Ähnlich verhält es sich mit dem Objekt in einem Satz, das auch ein Wort, eine Wortgruppe oder ein Satz sein kann:

Subjekt	Prädikat	Objekt
Katharinas Bruder Philipp	erwartete	mehr Schnee.
Ihre Eltern	hoffen	auf Sonnenschein.
Sie	erkundigen sich	nach der Wettervorhersage.

Subjekt	Prädikat	Objektsatz
Katharinas Bruder Philipp	erwartete,	dass es mehr schneien würde.
Ihre Eltern	hoffen,	dass die Sonne scheint.
Sie	erkundigen sich,	wie das Wetter werden soll.

Subjekt- und Objektsätze können vor oder hinter dem Hauptsatz stehen:
Subjektsatz:

Dass so viel Schnee lag, gefiel den Kindern.
Den Kindern gefiel, **dass so viel Schnee lag.**

Objektsatz:

Man weiß nicht, **ob noch mehr Schnee fallen wird.**
Ob noch mehr Schnee fallen wird, weiß man nicht.

Häufig wird der Subjektsatz im Hauptsatz mit dem Pronomen *es* schon angekündigt:

Es gefiel den Kindern, **dass so viel Schnee lag.**
Es ist nicht sicher, **ob die Abfahrt ins Tal möglich sein wird.**

Adverbialsätze

Adverbiale Bestimmungen sind Satzglieder. Sie geben Informationen darüber, unter welchen Umständen etwas geschieht (↗ Kapitel 10): an welchem Ort, zu welcher Zeit, aus welchem Grund, auf welche Weise?
Diese Satzglieder haben ebenfalls oft die Form eines Nebensatzes:

	adverbiale Bestimmung Adverbialsatz	
lokal *Wo? Wohin?*	Am Anfang der Piste	stand ein Warnschild.
	Wo die Piste anfing,	
temporal *Wann? Wie lange?*	Bei Sonnenuntergang	kehrten die Skifahrer ins Tal zurück.
	Als die Sonne unterging,	
kausal *Warum?*	Wegen starken Windes	wurden die Skilifte abgestellt.
	Weil der Wind zu stark war,	
modal *Wie? Womit?*	Mit vielen Witzen	brachte der Skilehrer alle zum Lachen.
	Indem er viele Witze erzählte,	
konditional *Unter welcher Bedingung?*	Bei zu dünner Eisdecke	kann man auf dem See nicht Eishockey spielen.
	Wenn das Eis zu dünn ist,	

	adverbiale Bestimmung Adverbialsatz	
konzessiv *Trotz welchen Umstandes?*	Trotz heftigen Schneefalls Obwohl es heftig schneite,	blieben sie den ganzen Tag auf der Piste.
final *Zu welchem Zweck?*	Zum Aufwärmen Damit ihnen wieder warm wurde,	verbrachten sie eine Stunde in der Skihütte.
adversativ *Im Gegensatz wozu?*	Im Gegensatz zu Katharina Während es Katharina langweilt,	findet Philipp Eishockey toll.

Die Reihenfolge im Satz kann meist umgestellt werden, sodass der Adverbialsatz dem Hauptsatz nachgestellt ist:

Ein Warnschild stand (dort), wo die Piste anfing.
Die Skifahrer kehrten ins Tal zurück, als die Sonne unterging.
Die Skilifte wurden abgestellt, weil der Wind zu stark war. ...

Es gibt einige wenige Fälle, in denen ein Nebensatz nicht mit einem Einleitungswort beginnt. Diese Nebensätze ohne Konjunktion nennt man daher **uneingeleitete Nebensätze.** Die Wortstellung in uneingeleiteten Nebensätzen ist anders als in eingeleiteten.
Es gibt sie (a) bei der indirekten Rede und (b) als Konditionalsatz:

	mit Konjunktion	ohne Konjunktion
(a)	Sie sagte, dass sie erstaunt sei.	Sie sagte, sie sei erstaunt.
(b)	Wenn man fit bleiben will, muss man viel trainieren.	Will man fit bleiben, muss man viel trainieren.

Attributsätze

Bei Attributsätzen handelt es sich im Gegensatz zu den Adverbialsätzen nicht um selbstständige Satzglieder, sondern um Teile von Satzgliedern. Auch ohne die Attributsätze sind folgende Sätze korrekt – wenn auch ziemlich ungenau:

Subjekt	Attributsatz (kann man weglassen)	
Der Skifahrer	, der Philipp umgefahren hat,	hat nicht angehalten.
Die Frage	, ob jemand den Vorfall bemerkt hat,	ist noch ungeklärt.
Die Tatsache	, dass Philipp nicht verletzt wurde,	ist erfreulich.

Außer dem Prädikat können alle Satzglieder mit Attributsätzen erweitert werden:

Akkusativobjekt:

Die Kinder bauen **einen Schneemann, der einen roten Eimer als Hut bekommen soll**.

Dativobjekt:

Frau Schneider hilft **den Kindern, die schon ganz durchgefroren sind**.

Präpositionalobjekt:

Alle freuen sich **auf die Schneeballschlacht, die sie heute Nachmittag machen wollen**.

Adverbiale Bestimmung:

Dort, wo jetzt der Schneemann steht, war vorher eine Schneeburg.

Häufig sind Attributsätze Relativsätze:

Die Kinder bauen einen Schneemann, **der einen roten Hut bekommen soll**.
Frau Schneider hilft den Kindern, **die schon ganz durchgefroren sind**.
Dort, **wo jetzt der Schneemann steht**, wachsen im Sommer Blumen.

Außer mit Relativpronomen und Relativadverbien werden Attributsätze oft mit den Konjunktionen *dass, als* und *ob* angeschlossen:

Die Vorstellung, **dass es bald wärmer wird**, findet Frau Schneider angenehm.
In dem Augenblick, **als der Schneeball die Scheibe traf**, krachte es gewaltig.
Ich kann dir die Frage, **ob es morgen wieder schneit**, nicht beantworten.

Der Attributsatz ist nur eine mögliche Form, die ein Attribut haben kann. Es gibt außerdem Attribute in Form von Adjektiven, Präpositionalgefügen, Wortgruppen im Genitiv und Appositionen (↗ Kapitel 11). Auch eine Infinitivkonstruktion kann ein Attribut sein:

Der Wunsch, **sich im Haus aufzuhalten**, ist bei der Kälte verständlich.
Alle Anwohner haben die Pflicht, **den Gehweg zu räumen**.

13 Was einen Nebensatz ersetzen kann: Infinitiv- und Partizipialkonstruktionen

Haupt- und Nebensätze brauchen – um korrekt zu sein – eine finite Verbform, d. h. ein nach Person und Numerus bestimmtes Verb. Im Hauptsatz steht diese Personalform hinter dem ersten Satzglied, im Nebensatz steht sie am Ende:

Karsten **liebt** Musik.

Er **spart** sein Taschengeld, weil er eine neue Geige haben **möchte**.

Manche Nebensätze kann man ersetzen durch eine Konstruktion, die kein finites Verb enthält, sondern stattdessen einen Infinitiv *(spielen, üben …)* oder ein Partizip *(geübt, spielend …)*. Man spricht dann von einer **Infinitivkonstruktion** oder einer **Partizipialkonstruktion.**

Was sind Infinitivkonstruktionen?

Eine Infinitivkonstruktion kann die Rolle des Subjektes in einem Satz übernehmen:

	Subjekt	
Wort(-gruppe)	Musik	ist Karstens liebstes Hobby.
	Klavier und Geige	gefallen ihm besonders.
Subjektsatz	Dass er beim Schulkonzert auftreten darf,	freut ihn besonders.
Infinitivkonstruktion	Musik zu machen und zu hören,	bedeutet ihm sehr viel.
	Klavier und Geige perfekt zu spielen,	ist sein größter Traum.
	Beim Schulkonzert aufzutreten,	freut ihn besonders.

Ähnlich wie ein Nebensatz kann die Infinitivkonstruktion dem Hauptsatz auch folgen. Meist wird sie im Hauptsatz dann bereits durch das Stützwort *es* angekündigt:

> **Es** bedeutet Karsten sehr viel, **Musik zu machen und zu hören**.
> **Es** ist sein größter Traum, **Klavier und Geige perfekt zu spielen**.
> **Es** freut ihn besonders, **beim Schulkonzert aufzutreten**.

Ebenso kann die Infinitivkonstruktion an der Stelle des Objekts stehen:

		Objekt
Wort(-gruppe)	Karsten freut sich	auf ein neues Musikinstrument. (Präpositionalobjekt)
	Dafür verspricht er seiner Mutter	Hilfe im Haushalt. (Akkusativobjekt)
	Er erinnert sich	einer Begegnung mit einem berühmten Pianisten. (Genitivobjekt) an eine Begegnung mit einem berühmten Pianisten. (Präpositionalobjekt)
Objektsatz	Er bedauert,	dass er recht wenig Zeit zum Üben hat.
Infinitivkonstruktion	Karsten freut sich,	ein neues Instrument zu bekommen.
	Dafür verspricht er seinem Vater,	im Haushalt zu helfen.
	Er bedauert,	recht wenig Zeit zum Üben zu haben.
	Er erinnert sich,	einem berühmten Pianisten begegnet zu sein.

Oft wird die Infinitivkonstruktion im Hauptsatz schon mit einem Pronominaladverb *(darauf, daran, dazu ...)* angekündigt:

Karsten freut sich **darauf**, ein neues Instrument zu bekommen.
Er arbeitet hart **daran**, sehr schwierige Stücke spielen zu können.
Seine Tante riet ihm **dazu**, auch mit anderen Musik zu machen.

Außerdem kann man die Reihenfolge von Infinitivkonstruktion und Hauptsatz verändern. Um den Infinitiv zu betonen, kann man ihn dem Hauptsatz voranstellen:

Darauf, ein neues Instrument zu bekommen, freut Karsten sich.
Recht wenig Zeit zum Üben zu haben, bedauert er.
Im Haushalt zu helfen, verspricht er seiner Mutter.

Häufig kommt der Infinitiv in der Verbindung mit *um ... zu* vor. Er ersetzt dann einen finalen Adverbialsatz, gibt also einen Zweck oder eine Absicht an:
Hauptsatz und **Finalsatz:**

Samstags trägt Karsten Zeitungen aus, **damit er sich ein bisschen Geld dazuverdient**.
Damit er sich eine neue Geige kaufen kann, braucht er ziemlich viel Geld.

Hauptsatz und **Infinitivkonstruktion:**

Samstags trägt Karsten Zeitungen aus, **um sich ein bisschen Geld dazuzuverdienen**.
Um sich eine neue Geige kaufen zu können, braucht er ziemlich viel Geld.

Diese Umformung eines Nebensatzes in eine Infinitivkonstruktion funktioniert nur, wenn mit dem Subjekt in Haupt- und Nebensatz die gleiche Person oder Personengruppe gemeint ist. Andernfalls ergibt die neue Konstruktion keinen Sinn:
Identisches Subjekt in Haupt- und Nebensatz:

Samstags trägt **Karsten** Zeitungen aus, damit **er** sich ein bisschen Geld dazuverdient.
Samstags trägt **Karsten** Zeitungen aus, um sich ein bisschen Geld dazuzuverdienen. (richtig)

Unterschiedliche Subjekte in Haupt- und Nebensatz:

Karsten nimmt den Bus zur Musikschule, damit **sein Vater** ihn nicht abholen muss.

Karsten nimmt den Bus zur Musikschule, um ihn nicht abholen zu müssen. (falsch)

Man kann also mit einer Infinitivkonstruktion die Wiederholung des Subjekts vermeiden, was sprachlich meist schöner ist.

Der Infinitiv kann auch in der Rolle eines Attributs auftreten (↗ Kapitel 11). In dieser Funktion ist er ein verkürzter Attributsatz:

Die Vorstellung, **dass er berühmt werden könnte**, findet Karsten aufregend. (Das Attribut ist hier ein Attributsatz.)

Die Vorstellung, **eines Tages berühmt zu werden**, findet Karsten aufregend. (Hier ist das Attribut eine Infinitivkonstruktion.)

Was sind Partizipialkonstruktionen?

Viele Adverbialsätze können durch eine Partizipialkonstruktion ersetzt werden. Dabei ist Folgendes zu beachten:

- Die Subjekte in Haupt- und Nebensatz müssen identisch sein.
- Das Partizip I *(spielend, singend ...)* bezieht sich auf ein Geschehen, das gleichzeitig mit dem Geschehen im Hauptsatz stattfindet.
- Die Verwendung des Partizips II *(gesungen, angekommen ...)* heißt, dass das Geschehen vor dem des Hauptsatzes stattgefunden hat.

Partizipialkonstruktionen kommen vor allem in der gehobenen Schriftsprache vor. Im mündlichen Sprachgebrauch klingen sie etwas gestelzt. Darum wird hier die Variante mit dem Nebensatz bevorzugt.

	Adverbialsatz	Partizipialkonstruktion
temporal (gleichzeitig)	Als sie hinter der Bühne stand,	Hinter der Bühne stehend,
	spürte Carolin ihre Nervosität.	

	Adverbialsatz	Partizipialkonstruktion
temporal (vorzeitig)	Nachdem sie auf der Bühne angekommen war,	Auf der Bühne angekommen,
	fühlte sie sich ganz ruhig.	
kausal (gleichzeitig)	Da sie im Publikum viele Freunde erblickte,	Im Publikum viele Freunde erblickend,
	lächelte sie strahlend.	
kausal (vorzeitig)	Weil sie ausgezeichnet auf das Konzert vorbereitet war,	Ausgezeichnet auf das Konzert vorbereitet,
	hoffte sie auf eine gute Leistung.	
modal (gleichzeitig)	Indem es lange und begeistert applaudierte,	Lange und begeistert applaudierend,
	forderte das Publikum den Chor zu einer Zugabe auf.	

Das Partizip kann auch in der Rolle eines Attributs auftreten. In dieser Funktion ist es ein verkürzter Relativsatz:

Die Schauspielerin, **die in den USA geboren wurde**, feiert heute in Europa große Erfolge. (Hier steht ein Relativsatz als Attribut.)

Die Schauspielerin, **geboren in den USA**, feiert heute in Europa große Erfolge. (Hier bildet eine Partizipialkonstruktion das Attribut.)

Übersicht: Wörter, Satzglieder, Sätze

Gesprochene und geschriebene Äußerungen bestehen aus Wörtern, die so miteinander kombiniert werden, dass Satzglieder entstehen. In einer bestimmten Anordnung bilden die Satzglieder einen Satz.
Bei der Analyse von Sätzen hilft oft ein Modell mit mehreren Schichten: Man zerlegt den Gesamtsatz in Hauptsatz und Nebensatz, bestimmt die Satzglieder und benennt abschließend die Wortarten.
Dabei trennt man die einzelnen Elemente auf der Ebene des Satzes, der Satzglieder und der Wort arten jeweils mit senkrechten Strichen voneinander ab:

Gesamtsatz	Da	die	Sonne	scheint,
Teilsätze	Nebensatz: kausaler Adverbialsatz			
Satzglieder	adverbiale Bestimmung, kausal			
Wortarten	Konjunktion	best. Artikel	Substantiv	Vollverb

Ein weiteres Beispiel zur Verdeutlichung:

Gesamtsatz	Der	Junge,	der	in
Teilsätze	HAUPT-		Nebensatz:	
Satzglieder	Subjekt			
Wortarten	best. Artikel	Substantiv	Relativ-pronomen	Präpo-sition

wollen	alle	Kinder	draußen	spielen.
Hauptsatz				
PRÄDI-	Subjekt		adverbiale Bestimmung, lokal	-KAT
Modalverb	Indefinit-pronomen	Substantiv	Adverb	Vollverb

unseren	Gartenteich	fiel,	war	klatschnass.
Attributsatz (Relativsatz)			-SATZ	
			Prädikat	Prädikativ
Possessiv-pronomen	Substantiv	Vollverb	Vollverb	Adjektiv

Verzeichnis der grammatischen Fachbegriffe

Fachbegriff	deutsche Bedeutung, Erklärung, Beispiel
das **Adjektiv**	Eigenschaftswort: *schnell, klug, heiß, grün*
das **Adverb,** die Adverbien	Umstandswort: *gestern, draußen, sowieso*
das **Adverbiale,** die Adverbialien	↗ adverbiale Bestimmung
die **adverbiale Bestimmung**	Umstandsbestimmung: Satzglied, das die näheren Umstände eines Geschehens angibt
adverbialer Gebrauch	Gebrauch von Adjektiven zur Beschreibung von Tätigkeiten oder Vorgängen: Er **macht** das **gut**.
Adverbialsatz	Umstandsbestimmung in Form eines Nebensatzes
adversativ	gegensätzlich, einen Gegensatz bildend
der **Akkusativ**	4. Fall: *Wen oder was?*
das **Aktiv**	Handlungsart des Verbs, bei der der „Täter" Subjekt des Satzes ist: Der Kellner **bringt** die Getränke.
die **Apposition,** -en	nachgestellte Beifügung zu einem Satzglied im selben Kasus, mit Komma(s) abgetrennt
der **Artikel**, die Artikel	Geschlechtswort, Begleiter des Nomens bestimmter Artikel: *der, die, das ...* unbestimmter Artikel: *ein, eine ...*
das **Attribut,** die Attribute	Beifügung: Satzgliedteil zur näheren Bestimmung oder Beschreibung des Satzglieds
attributiver Gebrauch	Verwendung von Adjektiven zur näheren Bestimmung eines Nomens: *das **neue** Auto*
Attributsatz	Attribut in Form eines Nebensatzes (oft Relativsatz)

Fachbegriff	deutsche Bedeutung, Erklärung, Beispiel
der **Dativ**	3. Fall: *Wem oder was?*
deklinieren; die **Deklination**	beugen; die Beugung: ein Nomen, Adjektiv, Pronomen in die verschiedenen Fälle setzen und damit in der Form verändern
das **Demonstrativpronomen**	hinweisendes Fürwort: *diese, jenes, derselbe*
das **Femininum**	grammatisches Geschlecht: „weiblich“
final	einen Zweck, eine Absicht ausdrückend
finite Form	gebeugte Form des Verbs, Personalform
das **Futur**	Tempus: Zukunft
der **Genitiv**	2. Fall: *Wessen?*
das **Genus,** die Genera	grammatisches Geschlecht
Hilfsverb	Verb, das bei der Bildung mehrteiliger Verbformen „hilft“ *(wir **werden** sehen, ich **habe** gesucht, du **bist** gerannt ...)*
die **Hypotaxe**	Satzgefüge (aus Haupt- und Nebensatz)
der **Imperativ**	Modus: Befehlsform des Verbs: **Bleibt** hier! **Lass** das!
das **Indefinitpronomen**	unbestimmtes Fürwort: *mehrere, einige, jemand*
der **Indikativ**	Modus: Wirklichkeitsform des Verbs
der **Infinitiv**	Grundform des Verbs: *schreiben, schwimmen ...*
die **Infinitivkonstruktion**	grammatische Konstruktion, deren Kern nicht ein finites Verb ist, sondern ein Infinitiv: Es war schön, **euch zu treffen**.
die **Interjektion**	Ausrufewort: *autsch, hoppla, pfui ...*
das **Interrogativadverb**	Frageumstandswort *(Wann? Wo? Warum? Wie?)*

Fachbegriff	deutsche Bedeutung, Erklärung, Beispiel
das **Interrogativpronomen**	Fragepronomen: *wer, wen, wessen …*
intransitives Verb	Verb, das kein Akkusativobjekt haben kann
die **Kardinalzahl**	Grundzahl: *drei, elf, achtzig, eine Milliarde …*
der **Kasus,** die Kasus	Fall
kausal	begründend, ursächlich
der **Komparativ**	Steigerungsform des Adjektivs: *höher, kälter, süßer, besser …*
konditional	eine Bedingung angebend
konjugieren; die **Konjugation**	beugen; die Beugung: ein Verb in eine der verschiedenen Personalformen, in Mehrzahl oder Einzahl und in eine Zeitform setzen und damit verändern
die **Konjunktion**	Bindewort; verbindet gleichrangige Elemente (nebenordnend) oder Haupt- und Nebensatz (unterordnend)
der **Konjunktiv**	Modus: Möglichkeitsform des Verbs
konsekutiv	eine Folge/Auswirkung betreffend
konzessiv	einräumend, einen wirkungslosen Grund nennend
kopulativ	anreihend, verbindend
lokal	räumlich
das **Maskulinum**	grammatisches Geschlecht: „männlich“
modal	die Art und Weise bezeichnend
das **Modalverb**	besondere Art von Hilfsverb, das die Bedeutung einer Aussage verändern kann: *können, wollen …*

Fachbegriff	deutsche Bedeutung, Erklärung, Beispiel
der **Modus,** die Modi	bestimmte Kennzeichnung einer Aussage (als Befehl, als Tatsache, als Möglichkeit) mit Hilfe der Verbform
das **Neutrum**	grammatisches Geschlecht: „sächlich“
das **Nomen,** die Nomen	Hauptwort, Namenwort: *Tisch, Freund, Hund, Tasche, Mühe, Post, Schwimmbad, Feuer, Meer ...*
der **Nominativ**	1. Fall: *Wer oder was?*
das **Numerale,** die Numeralia	Zahlwort: *vier, dreizehn, neunte, viele ...*
der **Numerus,** die Numeri	Oberbegriff für Singular (Einzahl) und Plural (Mehrzahl)
das **Objekt**	Satzglied: Satzergänzung (im Genitiv, Dativ, Akkusativ; Präpositionalobjekt)
Objektsatz	Objekt in Form eines Nebensatzes
die **Ordinalzahl**	Ordnungszahl: *erste, zweite, dritte, zehnte ...*
die **Parataxe**	Satzreihe (aus mehreren Hauptsätzen)
die **Partikel,** die Partikeln	Sammelbegriff für alle unveränderlichen Wortarten (Adverb, Präposition, Konjunktion, Interjektion)
das **Partizip,** die Partizipien	infinite Verbform Partizip I/Partizip Präsens: *strahlend, grübelnd* Partizip II/Partizip Perfekt: *geschlagen, abgesagt*
das **Passiv**	Handlungsart des Verbs, bei der die von der Handlung betroffene Sache/Person Subjekt des Satzes ist: Das Buch wird oft gelesen.
das **Perfekt**	Tempus: 2. Vergangenheit *(ich habe gekocht, ihr seid angekommen, sie haben gebaut)*

Fachbegriff	deutsche Bedeutung, Erklärung, Beispiel
Personalform	finite Form: die Form des Verbs, an der man Person und Numerus erkennen kann
das **Personalpronomen**	persönliches Fürwort: *ich, dir, ihn, uns, sie ...*
der **Plural**	einer der beiden Numeri: Mehrzahl
das **Plusquamperfekt**	Tempus: Vorvergangenheit *(er war gewesen, sie hatte gesucht, wir hatten geglaubt ...)*
der **Positiv**	Grundform des Adjektivs: *sonnig, nass, teuer ...*
das **Possessivpronomen**	besitzanzeigendes Fürwort: *mein, seinem, ihr ...*
das **Prädikat**	Satzglied: Satzaussage; besteht aus der Personalform des Verbs und bei mehrteiligen Prädikaten zusätzlich aus infiniten Verbformen
prädikativer Gebrauch	Gebrauch von Adjektiven mit den Verben *sein, werden, bleiben, scheinen ...*
das **Prädikativ**	mit den Verben *sein, werden, scheinen* angeschlossenes Satzglied, auf das Subjekt bezogen
die **Präposition**	Verhältniswort: *in, auf, hinter, seit, wegen ...*
das **Präsens**	Tempus: Gegenwart *(ich warte, es regnet, ihr lernt, sie fliegen ...)*
das **Präteritum**	Tempus: 1. Vergangenheit *(du dachtest, sie lief, wir sprachen, sie wuschen ...)*
das **Pronomen,** die Pronomen oder die Pronomina	Fürwort; dient als Begleiter oder Stellvertreter
reflexives Verb	Verb, das ein rückbezügliches Fürwort (Reflexivpronomen) erfordert: *sich freuen ...*

Fachbegriff	deutsche Bedeutung, Erklärung, Beispiel
das **Reflexivpronomen**	rückbezügliches (d. h. sich auf das Subjekt zurückbeziehendes) Fürwort: *mich, sich, uns …*
das **Relativpronomen**	bezügliches Fürwort zum Anschluss eines Relativsatzes an den Hauptsatz: *der, dem, die, welchem, das, dessen …*
Relativsatz	Nebensatz, der mit einem Relativpronomen an das Bezugswort angeschlossen wird: *… die Kinder,* ***die im Park spielen,*** *wollen …; … den Leuten,* ***denen wir im Urlaub begegnet sind,*** *habe ich …*
der **Singular**	einer der beiden Numeri: Einzahl
das **Subjekt**	Satzgegenstand: das Satzglied im Nominativ
Subjektsatz	Subjekt in Form eines Nebensatzes
das **Substantiv**	heißt auch ↗ **Nomen**
der **Superlativ**	Höchststufe des Adjektivs: *lautester, schönste, am weitesten …*
die **Syntax**	Satzbau
temporal	zeitlich
das **Tempus,** die Tempora	Zeit, Zeitstufe
transitives Verb	Verb, das ein Akkusativobjekt hat
das **Verb,** die Verben	Zeitwort, Tätigkeitswort
das **Vollverb**	Verb, das allein das Prädikat eines Satzes bilden kann
der **Wortstamm**	„Kern“ des Verbs ohne Vorsilbe und Endung: *(be)****sitz****(en), (über)****treib****(en),* ***sing****(en)*

Stichwortverzeichnis